DK TOP 10

DUBAI
& ABU DHABI

LARA DUNSTON & SARAH MONAGHAN

DK Penguin Random House

Highlights

Themen

Inhalt

Stadtteile

Reise-Infos

Die TOP10-Listen in diesem Buch sind nicht nach Rängen oder Qualität geordnet. Alle zehn Einträge sind in den Augen des Herausgebers von gleicher Bedeutung.

Umschlag Vorderseite, Buchrücken & Titelseite Uferansicht von Dubai im Abendlicht
Umschlag Rückseite, im Uhrzeigersinn von links oben Bunte Stände eines Souk in Dubai, traditionelles Boot auf dem Dubai Creek, Blick aus der Wüste auf die Skyline von Dubai bei Sonnenuntergang, Küste von Dubai aus der Vogelperspektive

Die Informationen in diesem TOP10-Reiseführer werden regelmäßig aktualisiert.

Angaben wie Telefonnummern, Öffnungszeiten, Adressen, Preise und Fahrpläne können sich jedoch ändern. Der Verlag kann für fehlerhafte oder veraltete Angaben nicht haftbar gemacht werden. Für Hinweise, Verbesserungsvorschläge und Korrekturen ist der Verlag dankbar. Bitte richten Sie Ihr Schreiben an:

Dorling Kindersley Verlag GmbH
Redaktion Reiseführer
Arnulfstraße 124 • 80636 München
reise@dk.com

Willkommen in Dubai & Abu Dhabi

Dubai und Abu Dhabi zählen zu den spannendsten Städten der Welt. Wolkenkratzer, Luxusresorts und schicke Shoppingmalls sorgen für einzigartiges Flair. Mit diesem Reiseführer können Sie beide Städte prima erkunden. Gehen Sie auf Entdeckungstour und tauchen Sie in die Kultur und das Leben ein.

Futuristische Bauten gigantischen Ausmaßes prägen das moderne Dubai und Abu Dhabi. Dubai verfügt mit dem Luxushotel **Burj Al Arab** über ein weltweit bekanntes Wahrzeichen und mit dem **Burj Khalifa** über das (noch) höchste Gebäude der Welt. Auch Abu Dhabi besitzt mit dem **Emirates Palace** und der **Scheich-Zayid-Moschee** äußerst imposante Bauwerke. Der 2017 eröffnete **Louvre Abu Dhabi** zählt zu den weiteren glanzvollen Attraktionen der Stadt.

Vor allem in Dubai kann man neben modernen Wolkenkratzern auch historische Sehenswürdigkeiten bewundern. Ein Spaziergang durch die **Souks** in Deira und das Viertel **Bur Dubai** mit den alten Windtürmen bezaubert. Eine Fahrt auf dem **Dubai Creek** ist für viele ein Höhepunkt ihres Aufenthalts in der Stadt. Außerhalb von Dubai und Abu Dhabi erstreckt sich eine eindrucksvolle Wüstenlandschaft, die man bei einer Nachmittagstour erkunden kann.

Ob Sie eine Woche oder ein Wochenende planen: Der TOP**10** *Dubai & Abu Dhabi* präsentiert Ihnen das Beste beider Städte – von den traditionellen Läden in **Deira** bis zu den modernen Bauwerken in der **Dubai Marina** und auf **Al Maryah**. Hinzu kommen nützliche Tipps, wie man Dubai und Abu Dhabi zum Nulltarif genießt oder Besucherströme meidet, sowie übersichtliche Routenvorschläge, die Sie in kurzer Zeit zu möglichst vielen Attraktionen führen. Schöne Fotos und detaillierte Karten komplettieren den handlichen und unverzichtbaren Reisebegleiter. **Viel Spaß mit dem Buch und viel Spaß in Dubai und Abu Dhabi.**

Im Uhrzeigersinn von oben: **Dubai Marina bei Nacht, Burj Al Arab Jumeirah, *dhow* vor dem Dubai Museum, Säulengang vor der Scheich-Zayid-Moschee, arabische Pantoffeln, Qasr Al Sarab Desert Resort nahe der Liwa-Oase, Palm Jumeirah**

Dubai & Abu Dhabi entdecken

Beide Städte sind sehr weitläufig – Fußwege rund um Dubai Marina, Palm Jumeirah und Downtown Dubai erstrecken sich über mehrere Kilometer –, doch Dubai verfügt über ein gutes Metro-System und in Abu Dhabi stehen preiswerte Taxis bereit. Hier finden Sie Vorschläge für eine zwei- und eine siebentägige Tour durch Dubai und Abu Dhabi.

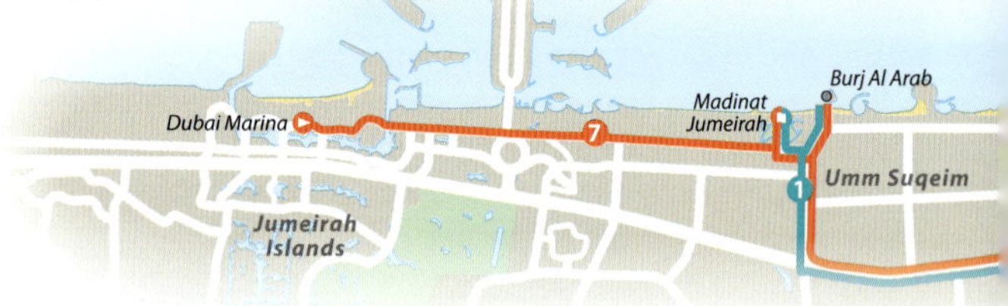

Zwei Tage in Dubai

Tag ❶

Vormittags

Bummeln Sie durch **Al Fahidi** *(siehe S. 18f)*, besuchen sie das Dubai Museum *(siehe S. 14f)*, fahren Sie mit einem *abra* über den Dubai Creek *(siehe S. 16f)* und erkunden Sie die lebhaften **Souks** in Deira *(siehe S. 26f)*.

Nachmittags

Kehren Sie im **Burj Al Arab** *(siehe S. 24f)* zum Tee ein. Für den Abend empfiehlt sich ein Aufenthalt in **Madinat Jumeirah** *(siehe S. 79)*.

Tag ❷

Vormittags

Genießen Sie von einer der Aussichtsplattformen des **Burj Khalifa** *(siehe S. 12f)* den herrlichen Blick auf die Stadt. Anschließend lockt die **Dubai Mall** *(siehe S. 73)* mit eleganten Läden und großem Unterhaltungsangebot.

Nachmittags

Eine **Wüstentour** *(siehe S. 32f)* lockt mit vielfältigen Attraktionen – vom aufregenden Dune Bashing bis zu traditionellen Bauchtanzvorführungen und Beduinenfesten.

Sieben Tage in Dubai & Abu Dhabi

Tag ❶

Erkunden Sie die reizvollen alten Viertel **Al Fahidi** *(siehe S. 18f)* und **Al Shindagha** *(siehe S. 16)* und besuchen Sie auch das Dubai Museum *(siehe S. 14f)*, bevor es nachmittags auf **Wüstentour** *(siehe S. 32f)* geht.

Die Dubai Mall beherbergt unzählige Läden, Restaurants, Cafés und Attraktionen.

Die Scheich-Zayid-Moschee bietet ein atemberaubendes Bild: Ihre Fassade ist gänzlich aus weißem Marmor.

Tag ❷
Nach Besichtigung der **Jumeirah-Moschee** *(siehe S. 20f)* geht es mit dem Taxi ins **Museum der Zukunft** *(siehe S. 72)* und die von Wolkenkratzern gesäumte **Sheikh Zayed Road** *(siehe S. 70–73)* entlang zu **Dubai Mall** *(siehe S. 73)*, **Burj Khalifa** *(siehe S. 12f)*, **Dubai Fountain** *(siehe S. 71)* mit den Wasserspielen und schließlich zum **Souk Al Bahar** *(siehe S. 72)*.

Tag ❸
Für einen schönen Tagesausflug locken **Sharjah** *(siehe S. 54)* mit traditionellen Häusern und exzellenten Museen und **Al Ain** *(siehe S. 54)* mit Festungen und Oasen.

Tag ❹
Fahren Sie nach **Abu Dhabi** *(siehe S. 90–101)*, erkunden Sie die Sehenswürdigkeiten im Stadtzentrum *(siehe S. 90–93)* und die Corniche. Genießen Sie im Emirates Palace *(siehe S. 30f)* Nachmittagstee oder Abendessen.

Tag ❺
Bevor es zurück nach Dubai geht, besuchen Sie noch die Scheich-Zayid-Moschee *(siehe S. 28f)* und den Louvre Abu Dhabi *(siehe S. 97)*.

Bei Wüstentouren lässt sich die Landschaft auf verschiedenste Weise erleben.

Tag ❻
Schlendern Sie durch die Gassen der **Souks** *(siehe S. 26f)* in Deira. Nach einem Bummel durch die Mall **Wafi City** *(siehe S. 68)* können Sie den Tag mit einem Imbiss bei **Wafi Gourmet** *(siehe S. 68)* beschließen.

Tag ❼
Der Vormittag gehört den vielfältigen Sehenswürdigkeiten von **Dubai Marina** *(siehe S. 82–85)*. Dann kehren Sie im **Burj Al Arab** *(siehe S. 24f)* zum Tee ein, bevor Sie durchs faszinierende **Madinat Jumeirah** *(siehe S. 79)* spazieren.

Highlights

Säulengang, Scheich-Zayid-Moschee, Abu Dhabi

TOP 10 Highlights

Die beiden Städte vereinen Orient und Okzident: Arabische Kultur, Traditionen der Beduinen und islamische Architektur existieren neben luxuriösen Läden, Restaurants und Hotels. Dubai prägen der Dubai Creek und weiße Strände, in Abu Dhabi lockt die herrliche Corniche.

1 Burj Khalifa

Noch ist dieses Wahrzeichen des modernen Dubai das höchste Gebäude der Welt *(siehe S. 12f)*.

2 Dubai Museum

In einer Festung aus dem 18. Jahrhundert bieten faszinierende Exponate interessante Einblicke in die Stadtgeschichte *(siehe S. 14f)*.

3 Dubai Creek

Auf dem Dubai Creek verkehren täglich nicht nur unzählige Wassertaxis, sondern auch noch viele traditionelle Segelschiffe *(siehe S. 16f)*.

4 Al Fahidi

In dem ursprünglich Bastakiya genannten Viertel ließen sich im 20. Jahrhundert persische Händler nieder und erbauten sich Häuser aus Korallengestein und Gips *(siehe S. 18f)*.

5 Jumeirah-Moschee

Dubais schönste Moschee ist als eine von wenigen auch Nichtmuslimen zugänglich. Bei Führungen erfahren Besucher viel Wissenswertes über den Islam *(siehe S. 20f)*.

Burj Al Arab ❻

Das Sieben-Sterne-Hotel ist eines der bekanntesten Wahrzeichen von Dubai. Es steht auf einer eigens errichteten künstlichen Insel *(siehe S. 24f).*

❼ Souks

Auf den traditionellen arabischen Märkten kann man nach Herzenslust um Gold, Gewürze, Parfum, Textilien und andere Waren feilschen *(siehe S. 26f).*

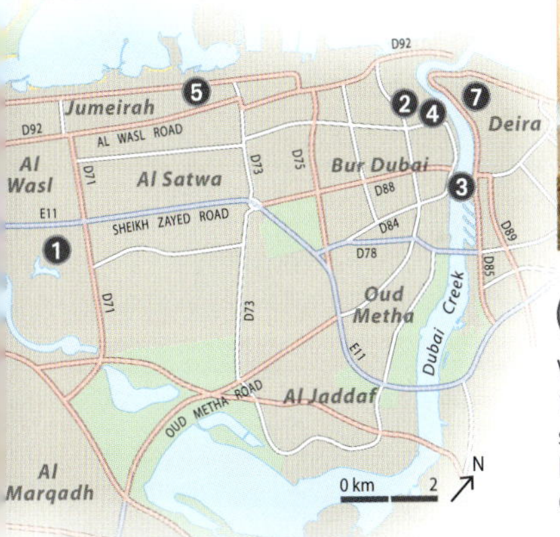

❽ Scheich-Zayid-Moschee

Vier Minarette und über 100 Kuppeln zieren die riesige Moschee in Abu Dhabi. Die Gebetshalle ist besonders prächtig *(siehe S. 28f).*

❾ Emirates Palace

Das Palasthotel in Abu Dhabi ist nicht nur wegen des überreichen Golddekors und der schweren Kronleuchter voller Swarovski-Kristalle wahrlich atemberaubend *(siehe S. 30f).*

Wüstentouren ❿

Ein Besuch der Vereinigten Arabischen Emirate ist ohne Safari oder eine Tour zu einem Wüstenresort fast undenkbar *(siehe S. 32f).*

TOP 10 Burj Khalifa

Der 2010 fertiggestellte Turm ist mit 828 Metern das höchste Gebäude der Welt (jedenfalls bis zur Fertigstellung des Jeddah Tower in Saudi-Arabien). Der nadelförmige Wolkenkratzer ist noch aus 100 Kilometern Entfernung zu sehen. Die große Höhe des als Herzstück der milliardenschweren Entwicklung von Dubais Innenstadt geplanten Baus war Idee von Herrscher Mohammed bin Rashid Al Maktoum – und so entstand das imposante Wahrzeichen des Emirats.

Der Burj Khalifa überragt Downtown Dubai

1 Armani Hotel

Die unteren Etagen des Burj Khalifa nimmt das weltweit erste von Giorgio Armani gestaltete Hotel ein. Das Interieur zeigt den typischen minimalistischen Stil des Designers *(unten)*. Die Bars und Restaurants stehen auch Gästen offen, die nicht im Hotel wohnen.

2 Ausstellung

Im Foyer und in den Zugängen zu den Aussichtsplattformen illustrieren Tafeln die Entstehungsgeschichte des Burj Khalifa. Die Bilder zeigen neben den verschiedensten Bauphasen des Wolkenkratzers auch die beim Bau federführenden Persönlichkeiten.

3 See

Von den Aussichtsplattformen des Turms sieht man kilometerweit in die Ferne, doch noch interessanter ist der Blick nach unten auf Downtown Dubai: Die Gebäude erscheinen winzig klein und gruppieren sich malerisch um den See, aus dem der Burj Khalifa aufragt.

Infobox

Karte C6 ■ 1 Mohammed bin Rashid Boulevard, Downtown Dubai ■ +971 4 888 8888 ■ www.burjkhalifa.ae

■ Aussichtsdecks: +971 4 888 8124; tägl. 9–23/24 Uhr; Eintritt für Levels 124 & 125 (At the Top): 179 AED (15–18.30 Uhr 259 AED), Kinder (4–8 Jahre) 145/165 AED; für Levels 124, 125 & 148 (At the Top SKY): 9–18 Uhr 553 AED, 19–23 Uhr 399 AED, unter 3 Jahren frei

Armani Hotel: +971 4 888 3888 ■ www.armanihoteldubai.com

The Address Downtown: +971 4 436 8888 ■ www.addresshotels.com

■ Die Aussichtsdecks erreicht man über die Dubai Mall *(siehe S. 73)*. Tickets sollten unbedingt vorher online gebucht werden.

■ Am Abend kann man am Burj Khalifa halbstündlich die zur Musik sorgsam choreografierten Wasserspiele des Dubai Fountain *(siehe S. 71)* genießen.

Souk Al Bahar & »Altstadt« 4

Im Süden des Sees bilden den Souk Al Bahar *(siehe S. 72)* und Dubais »Altstadt« mit ihren niedrigen erdfarbenen Gebäuden arabischen Stils *(rechts)* einen Kontrast zu den umliegenden Wolkenkratzern.

5 The Address Downtown

Der im Südosten des Burj Khalifa emporragende Hotelturm mit dem ellipsenförmigen Grundriss *(unten)* sorgte an Silvester 2015 für Schlagzeilen, als in dem Gebäude ein Brand ausbrach. Eine Cocktailbar im 63. Stock bietet einen weiteren interessanten Blick auf Downtown Dubai.

6 Dubai Opera

Das Opernhaus am Fuß des Burj Khalifa zählt zu Dubais besten Bühnen und lockt mit Theater- und Musikaufführungen von Weltrang. Auch Ausstellungen und Konferenzen finden hier statt.

7 Sheikh Zayed Road

Den Blick von den Aussichtsplattformen des Burj Khalifa nach Norden dominieren die vielen Wolkenkratzer, die die Sheikh Zayed Road säumen. Angesichts der immensen Höhe des Turms wirken sie jedoch beinahe winzig.

8 Jumeirah

Beim Blick vom Turm nach Westen sieht man den von schicken weißen Villen geprägten Stadtteil Jumeirah *(siehe S. 76–81)*. Strand und Meer scheinen zum Greifen nah.

9 Burj Al Arab

Im Süden von Jumeirah ragt das Hotel Burj Al Arab *(siehe S. 24f)* eindrucksvoll empor. Trotz der Entfernung von gut zehn Kilometern ist der Turm vom Burj Khalifa aus problemlos zu sehen. Hinter dem Burj Al Arab sind die Umrisse von Palm Jumeirah und die Silhouetten der Wolkenkratzer am Yachthafen zu erkennen.

10 At.mosphere

Das Bar-Restaurant im 122. Stock, auf 442 Metern das höchste der Welt, bietet exquisite Küche und tolle Cocktails *(siehe S. 75)*.

Zahlen & Fakten

1 Der Burj Khalifa hat 163 Stockwerke.

2 Im 158. Stock liegt die höchste Moschee der Welt.

3 Die Aufzüge erreichen Geschwindigkeiten von zehn Metern/Sekunde.

4 Mehr als 12 000 Leute waren am Bau beteiligt.

5 Ein Flugzeug aus dem Zweiten Weltkrieg diente zum Windtest.

6 Alle Fenster zu putzen, dauert drei Monate.

7 Die Aluminiumfassade wiegt so viel wie fünf Airbusse A380.

8 Die Spitze besteht aus über 4000 Tonnen Stahl.

9 Für den Brandschutz gibt es alle 25 Stockwerke ein Wasserreservoir.

10 Der Turm trägt den Namen des zweiten Präsidenten der VAE.

TOP 10 Dubai Museum

Das klug gestaltete Museum illustriert vergangene und noch bestehende Traditionen. Es liegt nahe dem historischen Viertel Al Fahidi in und unter der gleichnamigen Festung, einem der ältesten Bauten der Stadt. Die Ausstellungen dokumentieren den innerhalb von nur fünf Jahrzehnten rasant vollzogenen Aufstieg Dubais von einer kleinen Wüstensiedlung zum wirtschaftlichen und touristischen Zentrum der arabischen Welt.

1 Archäologische Funde

Das Museum birgt zahlreiche gut erhaltene Funde aus Grabstätten von 3000 v. Chr., darunter Kupfer- und Alabasterobjekte wie auch Keramiken *(oben)*.

2 Die Wüste bei Nacht

Die Abteilung erläutert, wie Tiere in der arabischen Wüste trotz extremer Hitze sowie Wasser- und Nahrungsmangel überleben können.

Beduinenkultur

Das arabische Wort *bedu*, von dem sich der Begriff Beduinen ableitet, heißt »Wüstenbewohner«. Die Beduinen zogen einst mit ihren Kamelen von Oase zu Oase und betrieben ein wenig Landbau. Ihre vom harten Wüstenleben geprägte Kultur ist sowohl für strengen Ehrenkodex als auch für große Gastlichkeit bekannt.

3 Multimediapräsentation

Die zehnminütige Filmvorführung erläutert anhand von Archivaufnahmen die Entwicklung des modernen Dubai ab 1960. Besucher erleben eine Zeitreise durch fünf Jahrzehnte, in denen sich die Stadt Dubai radikal veränderte.

4 Die alten Souks von Dubai

Holografietechnik, Filmmaterial und Wachsfiguren *(unten)*, kombiniert mit Düften und Klängen, zeigen Besuchern einen Souk, wie er vor rund 50 Jahren typisch war.

5 Al-Fahidi-Festung

Die Festung mit Wachturm, die heute als Nationalmuseum dient, wurde 1787 zum Schutz der Emiratis vor Invasoren erbaut *(siehe S. 19)*.

6 Barasti-Windturmhaus

Im Hof der Al-Fahidi-Festung steht ein aus *barasti* (Dattelpalmwedeln) errichtetes Haus mit einem kühlenden Windturm *(rechts)*. Gebäude wie dieses waren in der Region bis in die 1950er Jahre hinein häufig anzutreffen.

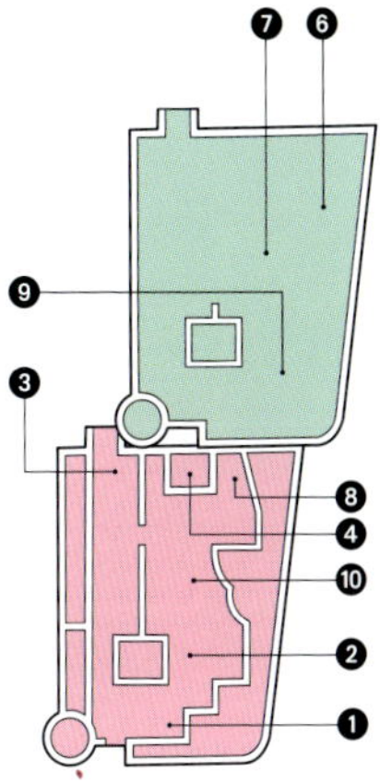

Legende

Erdgeschoss

Untergeschoss

7 *Dhow*

Zur Navigation eines solchen traditionellen Holzboots *(oben)* diente Seefahrern das *kamal* – ein Gerät, das den Breitengrad anhand der Stellung des Polarsterns ermittelt.

10 Perlentaucher

Die interessante Ausstellung illustriert die von Perlentauchern angewendeten Techniken. Nasenklammern und Gewichte ermöglichten es, in unglaubliche Tiefen vorzudringen.

8 Islamschule

In dem Nachbau einer Schule aus den 1950er Jahren rezitieren junge Emiratis unter den Augen ihres Lehrers Koransuren.

Traditionen der Beduinen 9

Die Ausstellung präsentiert Kleidung, Schmuck, Waffen *(rechts)* und Werkzeuge von Beduinen.

Infobox

Karte K2 ■ Al-Fahidi-Festung, Al Fahidi Street ■ +971 800 33222 ■ www.dubaiculture.gov.ae

■ Das Museum wird derzeit renoviert und ist bis auf Weiteres für die Öffentlichkeit geschlossen, kann aber von außen bewundert werden.

■ Der Souvenirladen führt von Beduinen handgefertigte Produkte.

■ Das Arabian Tea House *(siehe S. 69)* hat traditionelles Flair zu bieten.

TOP 10 Dubai Creek

Der 14 Kilometer lange Meeresarm wird vom Persischen Golf gespeist. Der Kontrast zwischen traditionellen *dhows*, die am Kai entladen werden, und der modernen Kulisse aus Bauten wie Emirates National Bank of Dubai und Etisalat Building ist faszinierend. An den Ufern des Creek liegen Deira im Norden und Bur Dubai im Süden. Uferspaziergänge sind eine tolle Möglichkeit, die Stadt zu erkunden. Für die Überquerung bieten sich Al-Maktoum-, Al-Garhoud- und eine Pontonbrücke an, schöner ist allerdings eine Überfahrt mit dem *abra*.

1 Diwan

Den Gerichtshof und Amtssitz der höchsten Beamten *(oben)* zieren moderne Windtürme und äußerst imposante schmiedeeiserne Tore *(siehe S. 65)*.

2 Bur Dubai

Von Deira aus hat man einen herrlichen Blick auf den Diwan und die historische Architektur des »alten Dubai«: Man sieht Windtürme, Minarette und die Kuppeln der Großen Moschee.

3 Al Shindagha

Im historischen Viertel Al Shindagha unweit der Creek-Mündung befindet sich auch das Al-Shindagha-Museum *(siehe S. 66)*, das einige Häuser im typisch arabischen Stil umfasst und von der Geschichte, der Kultur und den Traditionen des Landes erzählt.

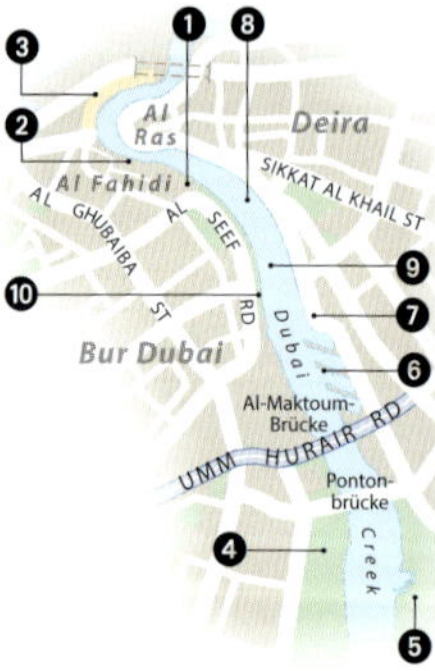

Infobox

Karte K1–K6

Creek Park: +971 4 336 763 ■ tägl. 8–22 Uhr (Do–Sa bis 23 Uhr) ■ Eintritt 5 AED ■ www.dm.gov.ae/historic_item/creek-park

Abra-Fähre: tägl. 5–24 Uhr ■ Fahrpreis 1 AED

Creek-Rundfahrten:
■ Bateaux Dubai: +971 4 295 2555; www.dubai-trip.ae/en/tourlist/bateaux-dubai-dinner-cruise
■ Dhow Cruise Tour: +971 56 620 9095; www.dhowcruisetour.com

Al Seef: +971 800 738 245; tägl. 10–23 Uhr (Fr–So bis 24 Uhr) ■ www.alseef.ae

■ Abends bieten die beleuchteten *dhows* auf dem Creek ein besonders reizvolles Bild.

■ Gelegenheit für Rast und Stärkung bietet z. B. Al Seef. Am Textil-Souk in Bur Dubai *(siehe S. 27)* sind u. a. frische Säfte zu haben.

4 Creek Park

Der Park erstreckt sich weit am Ufer des Dubai Creek und bietet eine Reihe von Freizeiteinrichtungen. Bei einem Spaziergang entlang der schönen Grünanlage genießt man einen herrlichen Ausblick.

7 Emirates National Bank of Dubai

Die geschwungene Fassade des imposanten Wolkenkratzers *(links)* – einer der ersten, die in Dubai gebaut wurden – erinnert an das Segel einer *dhow* *(siehe S. 59)*.

9 Creek-Rundfahrten

Mehrere Unternehmen bieten Dinnerfahrten auf dem Creek in traditionellen *dhows* an – oft mit Livemusik und Bauchtanzvorführungen. Auf den modernen Schiffen von Bateaux Dubai ist das Ambiente besonders luxuriös.

5 Dubai Creek Golf Club

Das zentrale Gebäude des Dubai Creek Golf Club *(oben)* präsentiert eine überaus eindrucksvolle Architektur: Die gläserne Fassade wird von drei weißen »Segeln« umrahmt *(siehe S. 60)*.

6 Dhow-Werft

Entlang der Baniyas Road liegen viele bunte *dhows* vor Anker *(unten)*. Hier legen auch Schiffe aus dem Rest der Vereinigten Arabischen Emirate, dem Iran und dem Oman an.

8 Abra-Fahrten

Die offenen Wassertaxis mit dem flachen Rumpf transportieren täglich bis zu 40 000 Passagiere, die dabei die Aussicht genießen und sich die Luft um die Nase wehen lassen.

Geschichte des Dubai Creek

Das ehemalige Fischerdorf an der Mündung des Creek – im 16. Jahrhundert trug es den Namen Dibei – verdankt seine Existenz dem 14 Kilometer langen Meeresarm. Dieser bildete hier einen natürlichen Hafen, der bald zum betriebsamen Umschlag- und Handelsplatz wurde.

10 Al Seef

Das Areal am Ufer des Creek – einst Heimat von Perlentauchern, Webern und Händlern – vereint emiratisches Erbe mit modernem Design. Hier locken Läden, Cafés, Hafenrestaurants und ein reizvoller Kulturmix.

TOP 10 Al Fahidi

Das ursprünglich Bastakiya genannte historische Viertel wurde wunderschön restauriert. Die traditionellen Bauten stehen in faszinierendem Kontrast zur modernen Architektur Dubais. Das Labyrinth enger Gassen säumen traditionelle Windturmhäuser aus Sandstein, Korallengestein und Gips mit eleganten Innenhöfen. Die arabischen Fenster der Häuser sind mit Stuck und Ziergittern versehen. Für zusätzlichen Reiz sorgen eine Reihe von Kunstgalerien und Museen sowie mehrere Cafés.

1 Traditionelle Architektur

Windturmhäuser verfügen über ein ausgeklügeltes Kühlungssystem. Typisch sind die dicken Mauern und die schmalen Fenster mit kunstvollen arabischen Ornamenten.

2 The Majlis Gallery

Majlis bedeutet so viel wie Treffpunkt. Die Galerie mit zentralem Garten ist einem umgestalteten arabischen Haus angegliedert. Neben Werken einheimischer und in Dubai ansässiger internationaler Künstler werden auch traditionelle Tonwaren und Schmuck verkauft *(siehe S. 38)*.

3 Münzmuseum

Das Museum präsentiert arabische Münzen *(links)* aus allen Epochen. Rund 500 Exponate stammen aus der Zeit der Ummayaden und der Osmanen. Bildschirme liefern die historischen Fakten dazu.

4 Sheikh Mohammed Centre for Cultural Understanding

Das innovative Zentrum gibt Besuchern Einblick in die Kultur des Emirats Dubai. Zum Angebot gehören geführte Touren durch Al Fahidi *(siehe S. 55)*, aber auch die Teilnahme an einem traditionellen Frühstück oder Mittagessen.

5 Kaffeemuseum

Das dem Lieblingsgetränk der Emiratis gewidmete Museum zeigt Utensilien wie alte Kaffeemühlen, Kannen und Dosen *(oben)* und serviert Besuchern echt arabischen Kaffee *(siehe S. 67)*.

6 Stadtmauer

Restaurierungsarbeiten an der 200 Jahre alten Stadtmauer *(links)* brachten zum Vorschein, welche Bedeutung dieser Teil der Altstadt als Verteidigungsgürtel hatte.

7 Bastakiah Nights

Das Restaurant mit schönem arabischen Flair und orientalischer Küche entfaltet nach Sonnenuntergang besonderen Reiz. Das sorgsam restaurierte, traditionell eingerichtete Haus mit dem hübschen Innenhof *(links)* bietet auch eine Dachterrasse.

Infobox

Karte K2

Münzmuseum:
Al Shindagha ■ +971 4 392 0093 ■ Fr 8–14 Uhr ■ Eintritt frei ■ www.dubaiculture.gov.ae

Sheikh Mohammed Centre for Cultural Understanding:
Haus 26, Al Mussallah Road ■ +971 4 353 6666 ■ tägl. 8–20 Uhr; »Open House«: 16–20 Uhr ■ www.cultures.ae

Bastakiah Nights:
Al Fahidi Street ■ +971 4 353 7772 ■ tägl. 11–23 Uhr

■ Am späten Nachmittag sorgt goldenes Sonnenlicht für eine besonders schöne Atmosphäre in Al Fahidi.

■ Mittags sind im Arabian Tea House *(siehe S. 69)* hervorragende leichte Gerichte, Suppen und Salate zu haben.

10 Arabian Tea House

Im Innenhof eines für Al Fahidi typischen Hauses kann man inmitten von Bougainvilleen Tee, Erfrischungen und Snacks genießen *(siehe S. 69)*.

Windtürme

Anfang des 20. Jahrhunderts waren Windtürme *(barjeel)* ein typisches architektonisches Element arabischer Häuser. Mit natürlicher Ventilation sorgen sie für eine angenehme Raumtemperatur: Luftschächte an jeder der vier offenen Seiten lassen warme Luft heraus- und kühlere Luft nachströmen. Das Benetzen des Bodens unter dem Turm mit Wasser sorgt für zusätzliche Kühlung.

8 Al-Fahidi-Festung

Die Mauern von Dubais ältestem Bauwerk wurden 1787 aus Muschelkalk errichtet. Das im Fort ansässige Dubai Museum *(siehe S. 14f)* ist derzeit geschlossen.

XVA Art Hotel 9

Das traditionelle Gebäude *(rechts)* birgt ein Boutiquehotel *(siehe S. 115)*, ein Café und eine Galerie, die Kunstwerke unserer Zeit präsentiert *(siehe S. 39)*.

TOP 10 Jumeirah-Moschee

Dubais Kultur ist im Islam verwurzelt. Jedes Stadtviertel hat seine eigene Moschee – die Jumeirah-Moschee ist fraglos die schönste. Das 1979 errichtete Gotteshaus ist ein großartiges Beispiel moderner islamischer Architektur. Eindrucksvoll zeichnet sich das Bauwerk aus hellem Stein vor dem blauen Himmel ab, besonders schön ist es in nächtlicher Beleuchtung. Die Moschee besitzt zwei prächtig verzierte Minarette und eine majestätische Kuppel. Sie gilt als Wahrzeichen der Stadt und dient als wichtiges religiöses Zentrum.

1 Geschenk fürs Volk

Die herrliche Moschee war ein Geschenk von Dubais 1990 verstorbenem Herrscher Scheich Rashid bin Saeed Al Maktoum, Vater des derzeitigen Herrschers Scheich Mohammed bin Rashid Al Maktoum, an die Bevölkerung.

2 Ramadan

Während des islamischen Fastenmonats Ramadan dürfen Muslime von Sonnenaufgang bis Sonnenuntergang nicht essen, trinken oder rauchen. Die Zeit gilt der Läuterung und der Hinwendung zu Allah.

3 Architektur

Die Jumeirah-Moschee ist vom anatolischen Stil geprägt. Sie verfügt über eine große Hauptkuppel. Das Äußere zieren kunstvolle Steinreliefs mit geometrischen Mustern *(rechts)*.

Infobox

Karte E4 ■ Jumeirah Road, Jumeirah ■ +971 4 353 6666 ■ www.jumeirahmosque.ae

■ »Open Doors, Open Minds«: Sa–Do 10 Uhr & 14 Uhr; 40 AED

■ Die etwa 75-minütigen Führungen durch die Moschee erfordern keine Reservierung. Sie sollen Besuchern den muslimischen Glauben nahebringen und für besseres Verständnis sorgen. Sogar Fotografieren ist erlaubt, allerdings wird angemessene Kleidung verlangt. Teilnehmer werden mit Getränken und traditionellem Gebäck versorgt.

■ Im nahen Lime Tree Café *(siehe S. 81)* kann man Sandwiches, Kaffee und Kuchen genießen, aber auch zu den Lokalen im Strandviertel La Mer ist es nicht weit.

5 Gebete

Der *adhan* (Gebetsruf) erschallt fünfmal täglich – er weist die Muslime an, zu Allah zu beten, wobei sie auf der *musalla*, dem traditionellen Gebetsteppich, knien *(oben)*.

6 Fünf Säulen des Islam

Die wichtigsten Pflichten im Islam sind: *Shahadah* (der Glaube an den einzigen Gott), *Salat* (die täglichen fünf Gebete), *Zakat* (Mildtätigkeit), *Siyam* (die Reinigung) und *Haj* (die Pilgerfahrt) nach Mekka.

4 »Open Doors, Open Minds«

Die Jumeirah-Moschee zählt zu den wenigen Moscheen Dubais, die auch Nichtmuslimen zugänglich sind. Die vom Sheikh Mohammed Centre for Cultural Understanding *(siehe S. 18)* veranstalteten Führungen bieten Gelegenheit, das filigrane Innendekor zu bewundern, und liefern interessante Einblicke in den Islam.

7 Minarette

Diese Moschee krönen zwei Minarette. Die Höhe eines solchen Turms – höchster Punkt des »Hauses Allahs« – ist davon abhängig, wie weit man den Gebetsruf hören soll.

8 *Minbar*

Das *minbar* ist die Kanzel, von der aus der *Imam* (Gebetsführer) die *khutba* (Freitagspredigt) hält.

Gebetsruf

Ganz gleich, wo man sich in Dubai aufhält – immer sind irgendwo die täglichen Gebetsrufe »*Allahu akbar*« (»Gott ist groß«) zu hören. Heutzutage kommen sie über Lautsprecher und vom Band, früher musste sich der Muezzin ohne technische Hilfsmittel bemerkbar machen.

9 *Mihrab*

Die Gebetsnische einer Moschee weist immer gen Mekka und zeigt damit die *qibla* an – die Richtung, in die sich Muslime bei ihrem Gebet zu wenden haben. Der *mihrab* der Jumeirah-Moschee *(unten)* gleicht einem Tor nach Mekka.

10 Verhaltensregeln

In Moscheen gilt eine strenge Kleiderordnung. Für Frauen und Männer sind kurze Hosen und ärmellose Shirts verboten, Frauen müssen ein Kopftuch tragen. Vor dem Betreten der Moschee müssen Besucher ihre Schuhe ausziehen.

Folgende Doppelseite Interieur der Scheich-Zayid-Moschee

TOP 10 Burj Al Arab

Das exklusive Hotel Burj Al Arab (»Arabischer Turm«) gilt international als Symbol des modernen Dubai und bietet ausschließlich Suiten. Mit 321 Metern zählt es zu den höchsten Hotels der Welt. Auf Höhe der 28. Etage gibt es einen Hubschrauberlandeplatz und ein Restaurant, das in der Luft zu schweben scheint. Das Burj Al Arab liegt auf einer künstlichen Insel im türkisfarbenen Wasser des Golfs. Tagsüber erstrahlt es in Weiß, nachts in Regenbogenfarben – dann dient die Fassade als Leinwand für spektakuläre Lichtinstallationen.

Infobox

Karte C1 ■ Jumeirah Road, Jumeirah ■ +971 4 301 7777 ■ www.jumeirah.com

L'Olivo at Al Mahara: Erdgeschoss; tägl. 18.30–22 Uhr

Skyview Bar: 27. Stock; tägl. 16–23.30 Uhr

■ Wer sich das Hotel von innen ansehen möchte, muss für Nachmittagstee, Cocktails oder ein Essen reserviert haben (+971 800 323 232; restaurants@jumeirah.com). Neben Drinks in der Bar Gilt (Di–So 18–1 Uhr) zählt ein Besuch der stimmungsvollen Atriumlounge Sahn Eddar (tägl. 10–23 Uhr) – evtl. zum Nachmittagstee – zu den erschwinglichsten Optionen. Für den Abend gilt fast überall der Dresscode »stilvoll elegant«.

1 Talise Spa

In der Wellnessoase im 18. Stock kann man bei herrlichem Meerblick entspannen. Besonders schöne Aussicht bieten die Infinity Pools. Die Einrichtung des Spas erinnert an die antiken Bäder orientalischer Hochkulturen.

2 Fassade

Über die dem Meer zugewandte Fassade des Burj Al Arab ist ein lichtdurchlässiges Gewebe aus mit Teflon beschichteter Glasfaser gespannt. Eine solche Technik wurde erstmals an diesem Gebäude eingesetzt.

3 Skyview Bar

Die schicke Dachbar des Hauses bietet atemberaubenden Blick auf die Küste. Ein flinker Panoramalift bringt die Gäste nach oben – z. B. für einen Cocktail bei Sonnenuntergang.

4 Lobby

Die obere Lobby – ein heller Raum mit viel Marmor, bunten Mosaiken und handgeknüpften Teppichen mit Spiralmustern – birgt einen vielfarbigen Springbrunnen.

5 Atrium

Die riesigen goldenen Säulen und die zahlreichen Etagen, die sich über der Lobby erheben, machen das Atrium zu einer Sensation *(oben)*.

6 Suiten

Die 202 Doppelsuiten *(oben)* des Hauses sind nicht nur mit modernster Technik ausgestattet, Gäste werden auch von einem eigenen Butler betreut. Die Royal Suite dient als eine Art Museum, das Besuchertouren durchs Burj Al Arab veranstaltet.

7 Aquarien

Die beiden Aquarien in der Lobby sind so groß, dass man für ihre Reinigung Taucher benötigt.

8 L'Olivo at Al Mahara

Das überaus vornehme und doch behagliche Restaurant im Erdgeschoss, dessen Tische sich um ein raumhohes rundes Aquarium gruppieren, steht unter der Leitung des italienischen Sternekochs Andrea Migliaccio vom L'Olivo auf Capri.

9 Architektur & Inspiration

Das vom Wind geblähte Segel einer *dhow* inspirierte die Gestalt des Hotels *(unten)*, zu dem man stilvoll per Rolls-Royce über den Damm oder auch mit dem Hubschrauber gelangen kann.

10 Hubschrauberlandeplatz

Die Plattform *(unten)*, die in schwindelnder Höhe aus dem Gebäude ragt, kennt man aus diversen Werbespots – sie ist auch für Trauungen beliebt. Roger Federer und Andre Agassi lieferten sich hier schon ein Tennismatch.

Der Bau

Das Burj Al Arab gilt als eines der teuersten Gebäude, die je errichtet wurden. Die genauen Kosten sind ein streng gehütetes Geheimnis, Schätzungen liegen jedoch bei zwei Milliarden Dollar. Das Burj Al Arab steht auf einer innerhalb von drei Jahren eigens angelegten künstlichen Insel. Bis 2007 war das Bauwerk mit 321 Metern das höchste Hotel der Welt. Für das prachtvolle Interieur fanden 30 verschiedene Arten Marmor und rund 8000 Quadratmeter 22-karätiges Blattgold Verwendung.

TOP 10 Souks

Dubai ist allgemein als Shoppingparadies bekannt. Ein ganz anderes Erlebnis als die schicken klimatisierten Shoppingmalls bieten die reizvollen Souks nahe dem Dubai Creek. In den engen Gassen verkaufen Händler u. a. Gold, Textilien und Gewürze. Viele Souks stammen noch aus der Zeit, als Dubai nur ein von Palmen gesäumter Handelshafen war. Dass Stände mit gleichem Warenangebot – z. B. alle Gewürzhändler – meist gleich nebeneinanderliegen, erleichtert den Preisvergleich. Und Feilschen ist auf Souks ja sowieso ein Muss.

1 Naif-Road-Souk, Deira

Der in traditionellem Stil gestaltete Souk in einem kitschigen Wüstenfort-Nachbau bietet fast alles von der *abaya* (Überkleid) über Lederwaren bis zu Elektronikartikeln.

3 Al Seef Heritage Souk

Dieser moderne Souk ist eine Hommage an die alten Märkte. Hier findet sich eine große Auswahl an Kunsthandwerk und Accessoires, Parfums und Souvenirs.

2 Gold-Souk, Deira

Auf dem von Händlern aus aller Welt besuchten Souk *(unten)* glitzern Gold, Silber und Edelsteine. Es herrschen strenge Vorschriften *(siehe S. 61)*.

Schneidereien

Dass es in Dubai so viele Schneider gibt, mag angesichts des reichen Angebots an schönen und hochwertigen Stoffen kaum überraschen. Viele Schneidereien liegen in der Nähe des Textil-Souk in Bur Dubai oder in Al Satwa *(siehe S. 68)*. Meist kopiert man dort für Sie eine mitgebrachte Vorlage oder reicht Ihnen ein Musterbuch mit Modellen zur Auswahl.

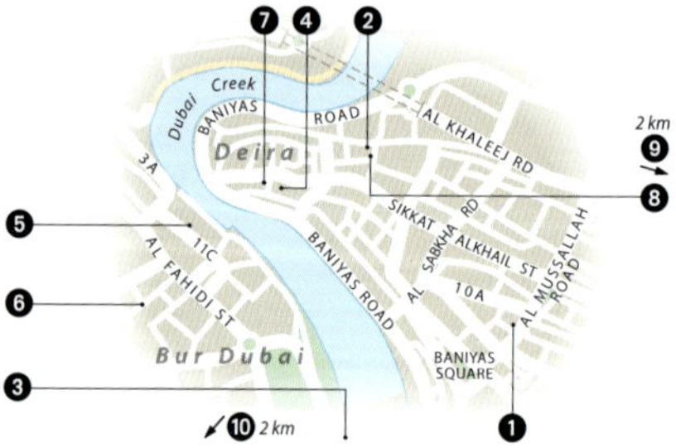

4 Souk Al Kabeer, Deira

Der »Große Souk« liegt hinter Deiras Gewürz-Souk. Korallen schmücken die Fassaden der winzigen Läden. Besonders hübsch ist der Hof Al Arsa.

7 Gewürz-Souk, Deira

Der winzige Markt *(links)* ist ein Fest für die Sinne: Neben duftenden Gewürzen wie Nelken, Zimt und Kardamom gibt es Weihrauch und Myrrhe samt den passenden Räucherutensilien wie auch köstliche Trockenfrüchte. Persischer Safran ist hier besonders preiswert zu haben *(siehe S. 60)*.

Infobox

www.visitdubai.com

▪ tägl. 10 – 22 Uhr (einige Souks schließen kurz zur Gebetszeit um 13.30 Uhr)

▪ Feilschen ist auf einem Souk unerlässlich. Handeln Sie so lange, bis ein zufriedenstellender Kompromiss erzielt ist.

▪ Da es in Dubai keine Mehrwertsteuer gibt, sind CDs, Parfum und Elektroartikel erfreulich günstig.

▪ Rund um den Bur-Dubai-Souk finden sich viele preiswerte indische Restaurants.

9 Fisch-Souk

Auf Dubais Fischmarkt, Teil des neuen Waterfront Market *(siehe S. 59)* in Deira, gibt es z. B. fangfrischen Barrakuda und Hammour. Benachbarte Stände verkaufen Obst und Gemüse.

10 Karama-»Souk«

Hier finden Sie imitierte Designerwaren *(unten)* – vor allem Armbanduhren und Handtaschen – von mitunter erstaunlicher Qualität *(siehe S. 68)*.

5 Textil-Souk, Bur Dubai

Der schön restaurierte Souk *(oben)* am Dubai Creek erstreckt sich unter einer gewölbten Pergola. In den Gassen reihen sich zahllose kleine Läden, die bunte Stoffe und Textilien anbieten *(siehe S. 66)*.

6 Meena Bazaar, Bur Dubai

Auf einen Besuch dieses Textilmarkts folgt nicht selten der Gang in eine Schneiderei. Die wunderbaren Stoffe – Leinen, Seide, Satin und Brokat in allen erdenklichen Farben – stammen aus aller Welt *(siehe S. 68)*.

8 Parfum-Souk, Deira

Faszinierende Läden verkaufen hier schwere exotische Düfte wie Jasmin, Rose und Amberholz, mischen »persönliche Noten« und führen neben arabischen Essenzen auch westliche Marken *(siehe S. 60)*.

TOP 10 Scheich-Zayid-Moschee

Die Moschee in Abu Dhabi ist die größte der Vereinigten Arabischen Emirate. Sie bietet 50 000 Gläubigen Platz und zieht an hohen Feiertagen große Scharen an. Die nach Scheich Zayid bin Sultan Al Nahyan – erster Präsident der VAE – benannte Moschee zeigt persische und maurische Stilelemente sowie Anklänge an die Architektur der Moguln. Beim elfjährigen Bau zwischen 1996 und 2007 kamen Unmengen an Marmor, Gold, Kristall und Edelsteinen zum Einsatz.

1 Architektur

Die Silhouette der Moschee mit ihren vier Minaretten ist von jeder Stelle in Abu Dhabi aus zu sehen. Das Gebäude ist mit makedonischem Marmor verkleidet und mit 82 Kuppeln versehen.

2 Gebetshalle

In der riesigen, überaus prächtig gestalteten Gebetshalle *(oben)* finden mehr als 7000 Gläubige Platz. Die Bogen werden von 96 Marmorsäulen getragen, die mit wunderschönen Perlmuttintarsien verziert sind.

3 Eingang

Ein prächtiger Säulengang mit kunstvollen goldenen Ornamenten *(rechts)* führt zur Moschee. Vor dem Eingang befinden sich große Wasserbecken.

4 Gebetsteppich

Den Boden der Gebetshalle bedeckt der größte Teppich der Welt. Er misst gut 5000 Quadratmeter und wiegt rund 35 Tonnen. Das im Iran gefertigte Meisterwerk weist schätzungsweise an die 2,26 Millionen Knoten auf.

5 Kronleuchter

Der größte der sieben gewaltigen Kronleuchter der Scheich-Zayid-Moschee hängt in der Mitte der Gebetshalle. Mit einer Breite von rund zehn Metern und einer Höhe von 15 Metern ist er der drittgrößte Kronleuchter der Welt. Er wurde in Deutschland gefertigt und ist mit über einer Million Swarovski-Kristallen verziert.

6 Minarette

An jeder Ecke des Hofs ragt ein 107 Meter hohes Minarett in den Himmel. Der Baustil reflektiert die Traditionen der islamischen Architektur in aller Welt und vereint mamluckische, osmanische und fatimidische Elemente, wie man sie aus Ägypten und aus der Türkei kennt.

8 *Qibla*

An der Wand, die den Gläubigen in der Moschee die *qibla* – die Gebetsrichtung zur Kaaba in Mekka – anzeigt, stehen goldverziert und in kufischer Schrift die 99 Namen Allahs *(links)*.

7 Hof

Der riesige Hof *(oben)*, der 30 000 Gläubige fasst, erstrahlt im Sonnenlicht in leuchtendem Weiß. Das marmorne Blumenmosaik, das den Boden ziert, gilt als das größte der Welt.

9 Grabstätte von Scheich Zayid bin Sultan Al Nahyan

Das Grabmal des einstigen Emirs von Abu Dhabi ist verglichen mit dem Dekor der Moschee bemerkenswert schlicht.

Scheich Zayid

Scheich Zayid bin Sultan Al Nahyan (1918 – 2004) wurde 1966, nach unblutigem Putsch gegen seinen älteren Bruder, Emir von Abu Dhabi. Sein Regierungsprogramm sorgte für den Aufstieg des einst unbedeutenden Emirats zum globalen Standort. 1971 wurde Scheich Zayid bin Sultan Al Nahyan erster Präsident der Vereinigten Arabischen Emirate und Abu Dhabi zu deren Hauptstadt. Der für seine Großzügigkeit bekannte Herrscher wird noch heute sehr verehrt.

10 *Minbar*

Vor der mit den Namen Allahs verzierten Wand befindet sich das *minbar* (Kanzel), von dem aus die Freitagspredigt gehalten wird *(unten)*.

Infobox

Karte V3 ▪ Khaleej al Arabi Street & Sheikh Rashid bin Saeed Street, Abu Dhabi ▪ +971 2 419 1919 ▪ www.szgmc.gov.ae

▪ Sa – Do 9 – 22 Uhr, Fr 9 – 12 & 15 – 22 Uhr (abweichende Zeiten im Ramadan)

▪ Eintritt frei

▪ Führungen: So – Do 10 – 20 Uhr (stündl.), Fr 10, 11, 16, 17, 18, 19 & 20 Uhr

▪ Besucher müssen Arme und Beine bedecken. Bei Bedarf können sich Frauen lange Röcke und Kopftücher ausleihen. Die Moschee darf man nicht mit Schuhen betreten.

▪ Die Führungen sind kostenlos. Abendlicht macht die Besichtigung um 17 Uhr besonders schön.

▪ Nachts sorgt eine Außenbeleuchtung, die die Mondphasen simuliert, für Reiz.

▪ Viele nette Lokale bietet The Souk at Qaryat Al Beri in Bain Al Jessrein *(siehe S. 97)*.

TOP 10 Emirates Palace

Das imposante Hotel dominiert den südwestlichen Teil von Abu Dhabis Zentrum. Die Baukosten für das gewaltige Projekt beliefen sich schätzungsweise auf drei Milliarden Dollar. Die Anlage erstreckt sich einen Kilometer lang an einem Privatstrand. Schon der von Kuppeln gekrönte Bau aus rotem Sandstein und der Park mit seinen vielen Springbrunnen machen Eindruck, doch noch atemberaubender wirkt das Interieur: Marmor, Blattgoldverzierungen und weiteres opulentes Dekor schaffen eine wahrlich luxuriöse Atmosphäre.

Infobox

Karte N1 ■ Corniche Road West, Abu Dhabi ■ +971 2 690 9000 ■ www.emiratespalace.com

■ Die Lobby ist frei zugänglich, Zutritt zu weiteren Teilen des Hotels erhält man nur als Gast oder mit einer Reservierung für eines der vielen Restaurants (+971 2 690 7999; moauh-restaurants@mohg.com) – für Nachmittagstee im Episodes, ein mexikanisches Mittagessen im Alma oder ein schickes Sterneküchen-Dinner im Hakkasan oder im Talea by Antonio Guida *(beide siehe S. 95)*.

■ Im überaus luxuriösen Spa des Hauses können auch Nichtgäste z. B. bei einem »24 Carat Gold Radiance Facial« entspannen (+971 2 690 7885; moauh-spa@mohg.com).

1 Swarovski-Kronleuchter

Der großzügige Einsatz von kunstvollen Kronleuchtern im gesamten Gebäude ist mehr als augenfällig – wo andernorts eine Glühbirne genügt, glitzert und funkelt hier Swarovski-Kristall.

2 Triumphbogen

Vor dem Emirates Palace steht ein majestätischer Triumphbogen mit einer breiten Auffahrt *(links)*. Normalerweise ist das Tor geschlossen. Es wird nur zu besonderen Anlässen für gekrönte Häupter und Würdenträger geöffnet.

3 *Majlis* mit Wandmalerei

Der eindrucksvollste der Gemeinschaftsräume ist der *majlis* (»Ort der Zusammenkunft«). Ihn zieren eine blaue Decke mit Fresken und ein Wandgemälde mit stolzen Araberhengsten.

4 Emirates Palace Auditorium

Auf der angesehenen Bühne des Hotels kommen russisches Ballett, Konzerte arabischer Orchester und Musicals zur Aufführung. Bis zu 1100 Zuschauer können hier erstklassige Akustik und Technik genießen.

Suiten ⑤

Das Haus bietet 302 Luxuszimmer sowie 92 Khaleej- und Palace-Suiten. Im fünften Stock befindet sich die Empfangshalle für Könige und Staatsoberhäupter, im achten Stock liegen die Suiten für die Herrscher der Golfstaaten. Die Saudi-Suite *(rechts)* verfügt über einen eigenen Barbier-Salon.

⑨ Palastgärten & Brunnen

Die Fassade des Hotels *(links)* prägen traditionelle arabische Elemente. Ihre Farbe repräsentiert die verschiedenen Nuancen arabischen Sands. Die herrlichen Grünanlagen und die spektakulären Springbrunnen sorgen für weiteren Reiz.

⑩ Algerischer Sand

Der weiße Sand des gut 1300 Meter langen Hotelstrands wurde extra aus Algerien importiert. Vorher lag hier ein beliebter Kricket- und Badestrand, dessen Sand als für königliche Füße nicht fein genug erachtet wurde.

⑥ Kuppeln

Die eindrucksvollste der 114 Kuppeln des Baus ist jene über dem »Grand Atrium« – mit silbernen und goldenen Glasmosaiken und einer Goldrosette.

⑦ Versteinerte Palmen

Im Innern des Hotels stehen 8000 Bäume. Die Dattelpalme als nationales Symbol ist omnipräsent. Einige der Palmen sind versteinert, wirken aber täuschend echt.

⑧ Vergoldete Lobby

Die Opulenz der goldenen Lobby *(links)* mutet wie ein Märchen aus Tausendundeiner Nacht an. Bis zum Bau des Emirates Palace war Abu Dhabi eine recht schlichte Stadt. Mit dem Hotel wurde ihr Wohlstand erstmals zur Schau gestellt.

Größe & Opulenz

Die Anlage nimmt rund 1 000 000 Quadratmeter ein. Das Haus bietet über 300 Zimmer und beinahe 100 Suiten, das ca. 2000-köpfige Personal stammt aus 50 Ländern. 114 Kuppeln und 1002 Kronleuchter zieren das Hotel. Es gibt zwei Hubschrauberlandeplätze und einen Ballsaal für 2500 Gäste. Angeblich verirren sich sogar Angestellte oft in den langen Korridoren.

TOP 10 Wüstentouren

Die Wüste der Vereinigten Arabischen Emirate erscheint wie aus dem Bilderbuch – eine Fahrt durch diese Landschaft mit ihren vielen Farben und Formen darf bei einem Urlaub nicht fehlen. Kamele weiden gleich vor den Städten im Wüstengras. Wer nicht über ein Auto mit Allradantrieb und die nötige Fahrpraxis verfügt, sollte sich für eine Safari entscheiden oder ein Wüstenresort wie Al Maha und Bab Al Shams besuchen. Wer über Nacht bleibt, erlebt die Stille der Wüste.

Liwa-Oase

Die wohl imposanteste Wüstenszenerie bietet die nur wenige Autostunden von Abu Dhabi entfernte Liwa-Oase *(siehe S. 54)*. Die dortigen Sanddünen sind die größten in den Vereinigten Arabischen Emiraten. Die schönste Färbung – zarte Töne von Pfirsichgelb bis Apricot – zeigen sie bei Sonnenauf- und Sonnenuntergang.

1 Wüstensafaris

Safaris im Geländewagen samt Unterhaltung wie Sand-Skiing und Hennamalerei, Büfett, Shishas und Bauchtanz kann man u. a. bei Arabian Adventures und Dreamdays buchen.

3 Ballonfahrten

In einem Heißluftballon über der Wüste zu schweben *(rechts)*, ist ein unvergessliches Erlebnis – z. B. mit Balloon Adventures Dubai über dem Dubai Desert Conservation Reserve.

2 Bab Al Shams Desert Resort

Palmengärten und Teiche verleihen dem Resort *(oben)* besonderen Reiz. Vom Infinity Pool aus genießt man den Blick auf die Wüste *(siehe S. 117)*.

4 Dubai Desert Conservation Reserve

In der Dünenlandschaft des Naturschutzgebiets leben Oryxantilopen und Edmigazellen. Neben Tagestouren bietet sich eine Übernachtung im Resort Al Maha an.

5 Al Maha Desert Resort & Spa

Hier wohnt man in zeltartigen Luxussuiten mit eigenem Tauchbecken und der Wüste als »Vorgarten« *(siehe S. 117)*.

6 Bauchtanz

Der traditionelle Tanz des Nahen und des Mittleren Ostens hat eine lange Geschichte. Eine Bauchtanzdarbietung darf bei keiner Wüstensafari fehlen. Manchmal werden Gäste zum Mitmachen aufgefordert.

8 Sternegucken

Bei Astronomiesafaris, wie sie z. B. von Platinum Heritage angeboten werden, kann man auf fachkundig geführten Nachtwanderungen sehr viel über die Wunder des arabischen Himmels erfahren *(oben)*.

7 Beduinen-Festmahl

Das Al Hadheerah Desert Restaurant im Resort Bab Al Shams serviert ein authentisch arabisches Beduinenbüfett mit Spezialitäten wie Lamm-*ouzi* (sanft gegartes Lamm auf Reis).

9 Qasr Al Sarab Desert Resort

Das Wüstenresort *(links)*, eine Oase am Rande Abu Dhabis, bietet herrliche Pools, authentische Hammams und exquisite arabische Küche. Entspannen Sie bei tollem Blick auf die Wüste und essen Sie unter Sternen *(siehe S. 117)*.

Infobox

Wüstensafaris:
- Arabian Adventures: ab 225 AED; www.arabian-adventures.com
- Dreamdays: ab 233 AED; www.dreamdays.ae

Ballonfahrten:
- Balloon Adventures Dubai: Sep – Mai; www.balloon-adventures.com

Sternegucken:
- Platinum Heritage: Okt – Apr; www.platinum-heritage.com

Kamelfarm:
E77 zwischen Al Qudra Rd (D63) & Al Ain Road (E66); +971 50 485 7676; www.thecamelfarm.ae

- Um allzu sengende Hitze zu meiden, sollte man die Wüste im Frühling, Herbst oder Winter besuchen.

10 Wüstenkamele

Machen Sie es wie die alten Beduinen und ziehen Sie an der Seite stattlicher Kamele (und eines Führers) durch die Dünen *(oben)*. Auf Dubais Kamelfarm erfährt man zudem Wissenswertes über die majestätischen Vierbeiner.

Themen

Atrium des Burj Al Arab, Dubai

TOP 10 Historische Ereignisse

1 5110 v. Chr.: Besiedlung von Abu Dhabi

Über 7000 Jahre alte Artefakte wie auf Dalma gefundene Dattelsteine, Feuersteinwerkzeuge aus den Ebenen von Al Ain und Mauerreste auf Marawah sind Hinweise auf erste Siedlungen in Abu Dhabi.

2 700: Islamisierung

Mit Eroberungen durch die Umayyaden, Gründer des zweiten der vier großen islamischen Kalifate, breitet sich der islamische Glauben auf der arabischen Halbinsel aus.

3 1507: Europäische Händler am Golf

Die Portugiesen, angeführt von Afonso de Albuquerque, erobern 1507 die Insel Hormuz (heute Teil des Iran), wo ein portugiesisches Handelsfort entsteht. Die Invasion umfasst die Eroberung von Masqat, Kuryat, Khor Fakkan und anderen reichen Handelsstädten an der Küste der arabischen Halbinsel und ebnet den Weg für den Handel zwischen Arabien und Europa.

Handelsplatz Hormuz unter portugiesischer Herrschaft

4 1793: Die Al Bu Falah siedeln in Abu Dhabi

Wegen der fruchtbaren Böden und der reichen Tierwelt lassen sich die Al Bu Falah 1793 in Abu Dhabi nieder. Der Stamm, zu dem auch die Al Nahyan zählen, hat seine Wurzeln in der hochverehrten südarabischen Beduinengemeinschaft Bani Yas.

5 1833: Die Al Maktoum kommen nach Dubai

Angeführt von Maktoum bin Buti Al Maktoum trennt sich die Familie von den Al Bu Falah in Abu Dhabi und begründet an der Mündung des Dubai Creek eine der bedeutendsten Dynastien der VAE. Noch heute herrscht in Dubai ein Al Maktoum.

6 1901: Freihandelszone

Als Deira nach einem Brand im Jahr 1894 nur mit der Hilfe wohlhabender ausländischer Unternehmen wiederaufgebaut werden kann, sorgt Scheich Maktoum bin Hasher Al Maktoum für Steuerbefreiungen und macht Dubai 1901 zur Freihandelszone. Damit ist eine Zeit wirtschaftlichen Erfolgs eingeläutet, die Einwanderer anlockt. Die ersten sind Perser, die vom Persischen Golf auf die arabische Halbinsel und schließlich nach Dubai kommen, doch bald folgen Inder, Europäer und andere, die ihr Glück suchen.

7 1950er/1960er Jahre: Entdeckung von Öl

1958 stößt man in Abu Dhabi, 1966 in Dubai auf Erdöl. Mit den Bohrungen und dem Export des schwarzen Golds ändern sich die Geschicke beider Städte: Die boomende Ölindustrie bringt viel Geld in die Emirate – man baut Straßen, Schulen, Krankenhäuser und andere Einrichtungen. Die Entwicklung der städtischen Infrastruktur führt zu einer gewaltigen Veränderung der Lebensqualität und eröffnet eine blühende Zukunft.

8 1971: Gründung der VAE

Anfang Dezember 1971, mit Auslaufen des Vertrags zwischen Großbritannien und den sieben sogenannten Trucial States, treffen sich die Scheichs von Abu Dhabi, Dubai, Ajman, Fujairah, Sharjah, Umm Al Qaiwain und Ras Al Khaima, um die Vereinigten Arabischen Emirate zu gründen. Scheich Zayid bin Sultan Al Nahyan, der Herrscher von Abu Dhabi, leitet die Verhandlungen und wird als erster Präsident der VAE vereidigt.

Nachbildung der Marssonde »Hope«

9 2020: Marsmission

Unter der Leitung des Mohammed Bin Rashid Space Centre startet die Raumfahrtbehörde der VAE am 19. Juli 2020 eine unbemannte Forschungsmission zum Mars. Die Sonde »Hope« wird im Februar 2022 in ihre Umlaufbahn um den Mars gebracht und ist die erste, die ein vollständiges Bild der Marsoberfläche liefert.

10 2021: Expo 2020 in Dubai

Die für 2020 angesetzte Weltausstellung in Dubai, die erste in einem arabischen Land, muss wegen der COVID-19-Pandemie verschoben werden und wird erst am 30. September 2021 – dennoch unter dem Namen Expo 2020 – eröffnet. Für die Großveranstaltung hat man unweit des Flughafens eigens die Expo City, ein gewaltiges neues, infrastrukturell bestens ausgestattetes Gelände, errichtet.

Kultur & Tradition

1 Falknerei
Falken dienten Beduinen bei der Jagd auf kleinere Vögel und Hasen, heute wird vor allem für Shows täglich trainiert.

2 Kleidung
Frauen tragen eine *abaya* (Überkleid) und eine schwarze *shayla* als Kopftuch, Männer die weiße *dishdasha* und auf dem Kopf die weiße oder karierte, mit einer *agal* (Kordel) befestigte *gutra*.

3 Kamele
Beduinen nutzten Kamele als Lasttiere, tranken ihre Milch und fertigten Zelte und Kleidung aus ihrem Fell.

4 Fischfang & Bootsbau
In der Vergangenheit lebten die Küstenbewohner von Fischfang, Perlentauchen und dem Bau der traditionellen *dhows*.

5 Beduinengesellschaft
Den Sommer verbrachten die Beduinen meist in kühlen Palmenoasen, den Winter fischend am Meer.

6 Dichtung
Emirati-Dichtung reicht vom romantischen *Baiti*-Stil bis zu mundartlichen *Nabati*-Gedichten.

7 Arabische Pferde
Der Vollblutaraber ist eine alte, für Eleganz und Stärke bekannte Pferderasse, die die Beduinen sorgsam züchteten.

8 Perlentauchen
Bis in die 1920er Jahre war das Perlentauchen Dubais Haupterwerb. Ende des 20. Jahrhunderts fuhren in der Bucht noch gut 1000 Perlentaucherboote.

9 Dattelpalmen
In den VAE gibt es über 50 Dattelarten. Getrocknete Datteln *(tamr)* waren in der Wüste überlebenswichtig.

10 Henna
An Festtagen malen Emirati-Frauen mit Henna Muster auf ihre Hände und Füße.

Hennamalerei auf Haut

TOP 10 Kunstgalerien

1 Jameel Arts Centre

Karte E2 ■ Jaddaf Waterfront, Al Jaddaf, Dubai ■ +971 4 873 9800 ■ Sa–Mo, Mi & Do 10–20 Uhr, Fr 12–20 Uhr ■ www.jameelartscentre.org

Unweit des Flughafens bietet dieser wunderschöne Kunstraum wechselnde Ausstellungen, die Künstler aus den gesamten VAE präsentieren.

Abstrakte Kunst, The Third Line

2 The Third Line

Karte C2 ■ Warehouse 78 & 80, Street 8, Alserkal Avenue, Al Quoz, Dubai ■ +971 4 341 1367 ■ Mo–Sa 11–19 Uhr ■ www.thethirdline.com

Wechselausstellungen zeigen provokative und verspielte Werke von Künstlern der Golfregion.

3 Folklore Gallery

Karte Q2 ■ Zayed The First Street, Al Khalidiya, Abu Dhabi ■ +971 2 666 0361 ■ Sa–Do 9–13 & 16–21 Uhr ■ www.folkloregallery.net

Die Galerie führt Kunst und Kunsthandwerk aus der Region. Die schönen Stücke umfassen handgefertigte Grußkarten, Drucke, hübsche Lesezeichen und sogar mundgeblasene Glaswaren.

4 The Majlis Gallery

Karte K2 ■ Al Musalla Roundabout, Al Fahidi, Dubai ■ +971 4 353 6233 ■ Mo–Sa 10–18 Uhr ■ www.themajlisgallery.com

Dubais älteste Galerie konzentriert sich auf Werke, die Arabien und den Nahen Osten thematisieren. Die Arbeiten – darunter gute Drucke, Keramiken und Skulpturen – stammen von einheimischen und zugereisten Künstlern der Region *(siehe S. 18)*.

5 Efie Gallery

Karte C2 ■ Unit 2, Al Khayat Art Avenue, 19th Street, Al Quoz, Dubai ■ +971 4 252 4182 ■ Mo–Sa 11–19 Uhr ■ www.efiegallery.com

Nach dem Vorbild der benachbarten Alserkal Avenue werden auch in der Al Khayat Avenue Lagerhäuser in Kunsträume verwandelt. Als eine der ersten eröffnete die Efie Gallery hier 2021 mit einer Ausstellung des ghanaischen Bildhauers El Anatsui – bekannt für seine großformatigen Werke aus Flaschendeckeln, die bereits im New Yorker MOMA und im British Museum zu sehen waren.

6 Green Art Gallery

Karte C2 ■ Unit 28, Street 8, Alserkal Avenue, Al Quoz, Dubai ■ +971 4 346 9305 ■ Mo–Sa 10–19 Uhr ■ www.gagallery.com

Was 1995 als kleiner Salon für moderne arabische Kunst begann, ist

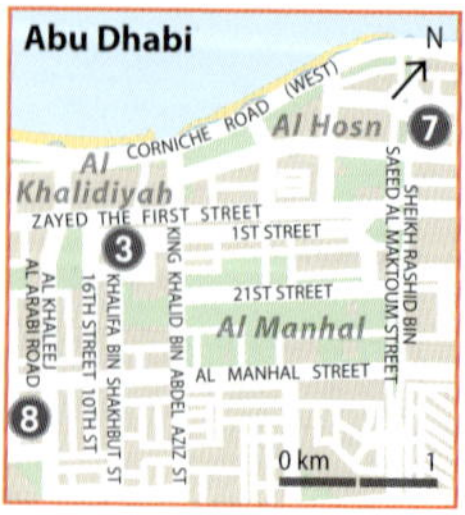

Pop-Art von Mohammed Kanoo, Tabari Artspace

heute eine angesehene Galerie, die rund ums Jahr wechselnde Ausstellungen präsentiert. Die Reihe von Künstlern aus dem Nahen Osten, Nordafrika, Südasien und darüber hinaus ist generationen- wie auch medienübergreifend, der Fokus liegt auf Erbe, Kultur und Lebenswelt des Nahen Ostens.

7 Abu Dhabi Art Hub

Karte R2 ■ The Mall WTC, Khalifa bin Zayed The First Street, Abu Dhabi ■ +971 2 551 5005 ■ tägl. 10–22 Uhr ■ www.adah.ae

Die Galerie zeigt Werke etablierter und aufstrebender bildender Künstler und fördert den Austausch einheimischer Kunstschaffender mit Kollegen aus aller Welt. Hauptanliegen der Einrichtung sind der Dienst am Künstler und die Förderung junger Kreativer im Land.

8 Etihad Modern Art Gallery

Karte Q3 ■ Villa 15, Al Huwelat Street, Al Bateen, Abu Dhabi ■ +971 2 621 0154 ■ So, Di & Do 11–18 Uhr ■ www.etihadmodernart.com

Das Augenmerk dieser modernen Galerie liegt auf Werken mit Bezug auf kulturelle Aspekte der Region. Dabei kommen neben hiesigen – renommierten wie aufstrebenden – auch internationale Künstler zum Zuge. Darüber hinaus veranstaltet das Haus Workshops, Lesungen und Konzerte.

9 Tabari Artspace

Karte D6 ■ Building 3, Gate Village, Dubai ■ +971 4 323 0820 ■ So–Do 10–18 Uhr ■ www.tabariartspace.com

Mit tollen Ausstellungen von Künstlern des Nahen Ostens stellt die Galerie, der vor allem junge Talente am Herzen liegen, das Verständnis von Grenzen, Raum, Ort und Identität in den Fokus. Ein Highlight ist Mohammed Kanoos verspielte Pop-Art.

10 XVA Gallery

Karte K2 ■ Al Fahidi, Dubai ■ +971 4 353 5383 ■ tägl. 10–18 Uhr ■ www.xvagallery.com

Ein Boutiquehotel in einem restaurierten Haus birgt die führende Galerie, die auch das Café im Hof als Ausstellungsraum nutzt *(siehe S. 19)*.

XVA Gallery

TOP 10 Resorts

1 Jumeirah Al Qasr

Die geschwungenen breiten Treppen, riesigen Kronleuchter und üppigen Ornamente arabischen Stils erinnern an eine Kulisse aus einem Hollywoodfilm. Im schönen Restaurant Pierchic *(siehe S. 81)* speist man in romantischer Atmosphäre mit fantastischem Blick auf das Burj Al Arab *(siehe S. 113)*.

Jumeirah Zabeel Saray

2 Jumeirah Zabeel Saray

Das Resort zeugt von der in Dubai herrschenden Vorliebe für extravagante Interieurs. Das indische Restaurant Amala *(siehe S. 87)* ist nur ein Beispiel für das exzellente und vielseitige gastronomische Angebot des Hauses *(siehe S. 113)*.

3 Nikki Beach Resort & Spa

Am Ufer von Pearl Jumeirah steht dieses stilvolle Resort – eine urbane Oase mit spektakulärem Blick auf den Persischen Golf. Es ist Heimat des beliebten Nikki Beach Club mit seiner beliebten Shisha-Terrasse und eines schönen Cafés, das freitags köstlichen Brunch im Programm hat *(siehe S. 113)*.

4 The Ritz-Carlton

Dezente europäische Eleganz prägt den Stil dieses Luxusresorts. Besucher können die wunderbare Atmosphäre des Hauses beim Nachmittagstee in der Lobby-Lounge, bei einem Cocktail in der Library Bar oder während eines Aufenthalts im edlen Spa genießen *(siehe S. 114)*.

5 Atlantis, The Royal

Das Ultra-Luxushotel wurde 2023 mit einem exklusiven Auftritt von Beyoncé feierlich eingeweiht. Das von auserwählten Künstlern und Architekten entworfene Hotelresort will Unterkunft mit hohem Anspruch neu definieren. Seine kunstvoll aufgestapelten Gebäudeblöcke bergen riesige Suiten mit Blick auf den Persischen Golf *(siehe S. 113)*.

Atlantis, The Royal

One & Only Royal Mirage

6 One & Only Royal Mirage

In Dubais wohl romantischstem Resort erstrecken sich Gebäude maurischen Stils in einem Palmenhain direkt am Strand. Hier locken exzellente Restaurants wie Eauzone und Tagine *(beide siehe S. 87)* und das luxuriöse Oriental Spa *(siehe S. 113)*.

7 Atlantis, The Palm

Der riesige Bau mit dem markanten Torbogen zählt zu Dubais bekanntesten Wahrzeichen. Mit Aquaventure *(siehe S. 84)* birgt die Anlage familienfreundliche Attraktionen wie Wasserpark *(siehe S. 44)*, Atlas Village und The Lost Chambers Aquarium. Der Hotelstrand ist öffentlich zugänglich *(siehe S. 84 & S. 113)*.

8 FIVE Palm Jumeirah

Das glamouröse Luxusresort auf der Insel Palm Jumeirah wartet u. a. mit dem überaus schicken Club The Penthouse auf, der Dachpools, eine Shisha-Lounge, unglaubliche Drinks und atemberaubende Sonnenuntergänge bietet. Im Restaurant Maiden Shanghai genießen Gäste exzellente chinesische Küche und feine Cocktails *(siehe S. 113)*.

9 Burj Al Arab Jumeirah

Ein Besuch des wohl bekanntesten Gebäudes von ganz Dubai gehört bei einem Aufenthalt in der Stadt fraglos zum Pflichtprogramm. Nachmittagstee im prächtigen Atrium ist ein unvergessliches Erlebnis, der Ausblick von der Skyview Bar einzigartig *(siehe S. 24f & S. 113)*.

10 Palace Downtown

Inmitten der modernen Bauten von Downtown Dubai bezaubert dieses opulent ausgestattete Resort am See mit traditionellem arabischen Flair. Im Restaurant Thiptara *(siehe S. 75)* speist man in wunderbar romantischer Atmosphäre, in der eleganten Al Bayt Lounge genießt man stilvoll den Nachmittagstee *(siehe S. 72 & S. 112)*.

Atlantis, The Palm

TOP 10 Outdoor-Aktivitäten

Fallschirmsprung über Palm Jumeirah

1 Fallschirmspringen

Skydive Dubai: Karte B1; Al Seyahi Street, Dubai; +971 4 377 8888; www.skydivedubai.ae

Fallschirmspringer genießen den Blick auf Dubai aus der Vogelperspektive. Skydive Dubai betreibt ein Trainingszentrum in der Wüste und veranstaltet Tandemsprünge über Palm Jumeirah.

2 Tauchen

Emirates Diving Association: Karte D4; Al Hudaiba Awards Buildings (Block B), Al Mina Road, Jumeirah, Dubai; +971 4 393 9390; www.emiratesdiving.com

Die Emirates Diving Association bietet Informationen über Tauchgänge in Dubai, Abu Dhabi und einigen Städten an der Ostküste.

3 Windsurfen

Windsurfer finden in Dubai perfekte Bedingungen vor. Die meisten Strandresorts verleihen Ausrüstung und veranstalten auch Kurse. The Westin Dubai Mina Seyahi Beach Resort & Marina *(siehe S. 113)* bietet besonders gute Einrichtungen.

4 Fischen

Auf organisierten Angeltouren wird die Ausrüstung gestellt und Gelegenheit geboten, den Fang an Bord zuzubereiten, man kann aber auch ein eigenes Boot chartern. Als Veranstalter empfehlen sich das Resort Le Méridien Mina Seyahi in Dubai *(siehe S. 112)* und das Hotel Beach Rotana in Abu Dhabi *(siehe S. 116)*.

5 Autorennen

Dubai Autodrome: Karte B3; Emirates Road, Dubai; +971 4 806 2220; www.dubaiautodrome.ae

Die Formel-1-taugliche Rennstrecke im Kartdrome des Dubai Autodrome hat 17 Kurven. Unterricht in der Fahrschule muss man frühzeitig buchen.

Im Dubai Autodrome

6 Ballonfahren

Der Blick vom Heißluftballon auf die Wüstenlandschaft ist fantastisch. Über den Dünen schwebend kann man das Spiel von Licht und Schatten in den vom Wind geschaffenen Sandformationen bestmöglich erfassen – ein unvergessliches Erlebnis *(siehe S. 32)*.

Heißluftballon über der Wüste

7 Wakeboarden

Al Forsan International Sports Resort: Khalifa City, Abu Dhabi; +971 2 656 5656; www.alforsan.com

Die Wellen des Golfs laden auch Anfänger zum Wakeboarden ein – viele Ferienanlagen veranstalten Kurse. Guten Unterricht bieten z. B. das Le Méridien Mina Seyahi in Dubai *(siehe S. 112)* und das Al Forsan International Sports Resort in Abu Dhabi.

8 Golfen

Dubai Golf: www.dubaigolf.com

Dubais und Abu Dhabis Golfplätze zählen zu den besten der Welt. Sie sind Austragungsort internationaler Turniere, darunter die Omega Dubai Desert Classic *(siehe links)* auf der Anlage des Emirates Golf Club.

Omega Dubai Desert Classic

9 Kitesurfen

Kitesurf School Dubai: Kite Beach, Jumeirah Road; +971 50 254 7440; www.kitesurf.ae

Dubais Kite Beach *(siehe S. 45)* ist bei Wassersportlern sehr beliebt. Die dortige Kitesurf School Dubai verleiht das nötige Equipment und vermittelt Lehrer.

10 Reiten

Emirates Equestrian Centre: Karte D3; +971 50 558 7656; www.emiratesequestriancentre.com ■ Abu Dhabi Equestrian Club: Al Ain; +971 2 445 5500; www.adec-web.com

In Dubai und in Abu Dhabi gibt es exzellente Reitsportzentren, die auch Unterricht anbieten.

Sportveranstaltungen

Läufer beim Dubai Marathon

1 Dubai Marathon
An dem Stadtmarathon nehmen Läufer aus aller Welt teil *(siehe S. 53)*.

2 Omega Dubai Desert Classic
Das viertägige Turnier lockt die besten Golfer der Welt an *(siehe S. 53)*.

3 Dubai Duty Free Tennis Championships
Im Dubai Tennis Stadium treten Top-Spieler gegeneinander an *(siehe S. 53)*.

4 Dubai Rugby Sevens
Nov ■ www.dubairugby7s.com
Die Spiele sind Teil der HSBC World Rugby Sevens Series.

5 Abu Dhabi Grand Prix
Yas Marina Circuit ■ Nov ■ www.yasmarinacircuit.com
Auf dem Yas Marina Circuit finden seit 2009 Formel-1-Rennen statt.

6 UEA Pro League
Winter ■ www.uaeproleague.ae
Fans begleiten die abendlichen Fußballspiele der VAE-Profiliga mit Gesängen und Choreografien.

7 Al Maktoum Rowing Cup
Karte B1 ■ Dubai International Marine Club ■ Nov/Dez ■ www.dimc.ae
Für diese begehrte Trophäe liefern sich Ruderer in traditionellen Holzbooten harte Rennen.

8 Powerboat Racing
Dez ■ www.f1h2o.com
Die rasanten Rennboote bieten ein überaus eindrucksvolles Spektakel.

9 Dubai World Cup
Das Pferderennen ist das höchstdotierte der Welt *(siehe S. 53)*.

10 Abu Dhabi Desert Challenge
Bei der Rallye kämpfen sich Fahrer aus aller Welt mit Motorrad, Geländewagen oder Lkw durch die Wüste *(siehe S. 53)*.

TOP 10 Kinder

Rutschfahrt im Wasserpark Aquaventure

1 Magic Planet

Karte E2 ■ City Centre Deira, Dubai ■ +971 4 295 4333 ■ tägl. 10–22 Uhr (Do & Fr bis 24 Uhr) ■ Eintritt für Fahrgeschäfte ■ www.magicplanetmena.com

In der großen Halle gibt es Attraktionen für die ganze Familie, z. B. ein hübsches Karussell, Autoskooter, Minigolf, Videospiele und einen Spielbereich für Kleinkinder.

2 Ski Dubai

Die größte Skihalle der Welt bietet Pisten zum Skifahren und zum Snowboarden für jedermann, sie birgt aber auch einen Schneepark mit diversen Fahrgeschäften, Schlitten- und Bobbahnen sowie Zorbing-Bällen und beheimatet außerdem eine Kolonie Pinguine *(siehe S. 77)*.

Ski Dubai

3 Aquaventure Waterpark

Im 17 Hektar großen Wasserpark des Resorts Atlantis, The Palm *(siehe S. 41)* locken aufregende Fahrten über Wasserfälle und Stromschnellen – und die Wasserrutsche »Leap of Faith« *(siehe S. 84)*.

4 MOTIONGATE™ Dubai

Karte B2 ■ Dubai Parks & Resorts, Sheikh Zayed Road, Dubai ■ +971 4 820 0000 ■ tägl. 11–20 Uhr (Fr & Sa bis 21 Uhr) ■ Eintritt ■ www.motiongatedubai.com

Die Fahrgeschäfte und Shows des Themenparks sind durch beliebte Animationsfilme wie *Die Schlümpfe* und *Kung Fu Panda* inspiriert.

5 IMG Worlds of Adventure

Karte C3 ■ Sheikh Mohammed bin Zayed Road, Dubai ■ +971 4 403 8888 ■ tägl. 12–22 Uhr (Fr–So bis 23 Uhr) ■ Eintritt ■ www.imgworlds.com

Bereiche, die auf Marvel Comics, Cartoon Network oder dem Dinosaurierabenteuer »Lost Valley« basieren, sorgen in diesem riesigen Indoor-Themenpark für viel Spaß.

6 Wild Wadi Water Park

Unter den 30 Attraktionen des großen Wasserparks finden sich viele für rasanten Spaß, aber auch welche fürs Wohlgefühl *(siehe S. 78)*.

7 Yas Waterworld

Der riesengroße Wasserpark spricht mit rund 45 Attraktionen in landestypischen Szenerien Besucher aller Altersgruppen an. Das Angebot reicht von ganz entspannten bis zu recht rasanten Rutschfahrten *(siehe S. 98)*.

8 Kidzania

Karte C6 ▪ Dubai Mall, Dubai ▪ +971 800 382 246 255 ▪ tägl. 10–22 Uhr ▪ Eintritt ▪ https://dubai.kidzania.com

In der Miniaturstadt regieren die Kinder: Sie schlüpfen in die Rolle von Erwachsenen, indem sie sich verkleiden und z. B. Ärzte, Feuerwehrleute oder Polizisten spielen.

Spaß in Kidzania

9 Aventura® Parks

Karte F3 ▪ Mushrif Park, Dubai ▪ +971 52 178 7616 ▪ tägl. 12–18 Uhr (Fr–So 10–21 Uhr) ▪ Eintritt ▪ www.aventuraparks.com

Abenteuer in der Natur verspricht dieser Park in einem Ghaf-Wald: mit Hängebrücken, Seilrutschen, Baumwipfelpfaden und Tarzan-Sprüngen aus 25 Metern Höhe.

10 Warner Bros. World™ Abu Dhabi

Yas, Abu Dhabi ▪ +971 2 496 8000 ▪ tägl. 11–mind. 18 Uhr ▪ Eintritt ▪ www.wbworldabudhabi.com

Tauchen Sie ein in die Welt von Batman oder Superman, besuchen Sie Familie Feuerstein und freunden Sie sich mit Bugs Bunny an.

Parks & Strände

Jumeirah Beach Park

1 Jumeirah Beach Park
Der Park bietet Spielplätze und einen Strand mit Sonnenliegen *(siehe S. 78)*.

2 Zaabeel Park
Karte F5/F6 ▪ Sheikh Zayed Road, Dubai
Hier gibt es Seen, Cafés, einen Fußballplatz und einen Technik-Themenpark.

3 Al Seef Road Park
Karte K2 ▪ Dubai
Die Frischluftoase liegt am Dubai Creek.

4 Creek Park
Der große Park bietet Grillplätze, Minigolf und eine Seilbahn *(siehe S. 16)*.

5 Al Mamzar Beach Park
Karte F1 ▪ Al Hamriya, Dubai ▪ +971 4 296 6201 ▪ tägl. 8–22 Uhr; Mo nur für Frauen & Kinder (Jungs nur bis zum Alter von 4 Jahren) ▪ Eintritt
Die vier Badestrände mit Picknickplätzen erreicht man per Fahrrad oder Minizug.

6 Umm Suqeim Beach
Karte C2 ▪ Jumeirah Beach Road, Dubai
Baden Sie mit Blick aufs Burj Al Arab.

7 Safa Park
Viele Attraktionen, u. a. ein Trampolinkäfig, locken in diesen Park *(siehe S. 77)*.

8 Mushrif Park
Karte F3 ▪ Al Khawaneej Road, Dubai ▪ tägl. 8–22.30 Uhr (Do & Fr bis 23.30 Uhr) ▪ Eintritt
Der Wüstenpark bietet Pools, Tiere, ein Theater und einen botanischen Garten.

9 La Mer Beach
Karte D4 ▪ 2 A Street, Jumeirah, Dubai
An dem 2,5 Kilometer langen Sandstrand warten Entspannung und Vergnügen.

10 Kite Beach
Karte C2 ▪ Jumeirah Beach, Dubai
Der Strand lockt Wassersportler an.

TOP 10 Bars

Skyview Bar

1 Skyview Bar

Von der Dachbar des Hotels Burj Al Arab eröffnet sich ein atemberaubender Blick auf die Küste. Die Weinkarte ist exzellent, die Cocktails sind hervorragend. Um Zutritt zur Skyview Bar zu erhalten, muss man vorab reservieren *(siehe S. 24)*.

2 The Rooftop

Die marokkanische Bar bezaubert mit arabesken Lampen, sanfter Lounge-Musik und der schönen Lage auf einer Dachterrasse *(siehe S. 86)*.

The Rooftop

3 Vault

Im obersten Stock des JW Marriott Marquis Hotel bietet diese edle Bar mit eher wohlhabendem Publikum herrlichen Blick auf die Stadt *(siehe S. 74)*.

4 Bar 44

Die elegante Cocktailbar in der 44. Etage des Grosvenor House lädt dazu ein, an der schicken runden Theke einen Drink zu nehmen oder in prächtigen Sesseln die spektakuläre Aussicht auf den Yachthafen von Dubai zu genießen. Hier verkehren sowohl anspruchsvolle Emiratis als auch Geschäftsleute aus aller Welt *(siehe S. 86)*.

5 Mr. Miyagi's

Großartige Musik, stilvolle Cocktails und eine Auswahl des besten asiatischen Streetfood, das in Dubai zu haben ist – Bao Buns, Dim Sum, Sushi-Röllchen u. Ä. –, machen das einladende Bar-Restaurant zu einem der beliebtesten der Stadt. Die Gestaltung ist fast so kurios wie die Namen der Drinks auf der Karte, die von »Komodo Dragon« bis zu »Ting Tong« reichen *(siehe S. 86)*.

6 Galaxy Bar

Die glamouröse Bar im Dubai International Financial Centre gehört laut diversen Rankinglisten zu den besten der Welt. Sie verfügt über ihren eigenen glitzernden Sternenhimmel und ein »kosmisches« Angebot an fachmännisch zubereiteten, von Sternenkonstellationen inspirierten Cocktails *(siehe S. 74)*.

7 Nola

Ein Hauch von New Orleans weht durch die Hotelbar, in der jeden Abend eine lebhafte Gästeschar hervorragende Cocktails, leckere Südstaatenküche und freundlichen Service in nettem Vintage-Ambiente genießt. Einmal in der Woche gibt es dazu noch Livemusik *(siehe S. 86)*.

8 At.mosphere

Das Bar-Restaurant im 122. Stock des Burj Khalifa *(siehe S. 12f)* ist das höchstgelegene der Welt und bietet entsprechende Aussicht. Man muss hier nicht unbedingt speisen, sondern kann auch nur etwas trinken, Reservierung ist allerdings in jedem Fall erforderlich *(siehe S. 75)*.

9 Bahri Bar

Im Hotel Mina A'Salam bezaubert die im Kolonialstil gestaltete Bar mit opulentem Interieur voller altarabischer Details. Sogar auf der Veranda, die fantastischen Blick auf das Burj Al Arab bietet, liegen edle Perserteppiche *(siehe S. 81)*.

Veranda der Bahri Bar

10 Weslodge

Erleben Sie, wie Rock 'n' Roll auf stilvolle Eleganz trifft: Mit einer Auswahl klassischer Drinks mit innovativer Note und der besten nordamerikanischen Küche der Stadt ist das schicke Bar-Restaurant eine großartige Abwechslung für Dubais Ausgehfreudige *(siehe S. 74)*.

Shisha-Spots

Shimmers

1 Shimmers
Karte C2 ▪ Madinat Jumeirah, Dubai ▪ +971 4 432 3232 ▪ tägl. 12–0.30 Uhr
Gäste sitzen auf einer eleganten Terrasse.

2 Ninive
Das schöne Restaurant bietet Shisha-Rauchern eine tolle Terrasse *(siehe S. 75)*.

3 The Courtyards
Karte B1 ▪ One & Only Royal Mirage, Dubai ▪ +971 4 399 9999 ▪ tägl. 19–1 Uhr
Zwei Innenhöfe laden in dem edlen Hotel zum entspannten Rauchen ein.

4 Shakespeare & Co.
Karte D4 ▪ The Village Mall, Dubai ▪ +971 4 344 6228 ▪ tägl. 9–1 Uhr
Die Patisserie wird abends zur Shisha-Bar.

5 Souk Madinat Jumeirah
Die zentrale Plaza des Hotel-Souks ist ein zauberhafter Ort *(siehe S. 80)*.

6 QD's
In Dubai lebende Ausländer lieben den Blick auf den Dubai Creek *(siehe S. 62)*.

7 Barouk
Karte E5 ▪ Crowne Plaza, Yas, Abu Dhabi ▪ +971 2 656 3064 ▪ tägl. 18–1 Uhr
Auf der Terrasse des libanesischen Restaurants werden Shishas gereicht.

8 Khan Murjan
Mit dem Flair eines alten Souks birgt ein Innenhof dieses Lokal *(siehe S. 69)*.

9 Buhayra Lounge
Karte D2 ▪ Palace Downtown, Dubai ▪ +971 4 288 8396 ▪ tägl. 15–1 Uhr
Zum Blick auf den Pool genießt man hier Shishas, Drinks und Musik.

10 Balcon Lounge & Terrace
Karte T1 ▪ Southern Sun, Al Mina Road, Abu Dhabi ▪ tägl. 15–1 Uhr
Die Poolbar auf dem Dach bietet eine reizvolle Shisha-Auswahl.

TOP 10 Restaurants

1 Zuma

Köstlichkeiten der modernen japanischen Küche, wie sie in dem Edelrestaurant auf den Tisch kommen, kann man auch im Schwesterlokal in Abu Dhabi genießen. Kosten Sie Robata-Grillgerichte oder besuchen Sie die Sushi-Theke, die den traditionellen *Izakaya*-Stil des informellen Speisens feiert. Auch die Cocktails sind großartig *(siehe S. 95)*.

Im lebhaften Zuma

2 Pitfire Pizza

Die Kreationen der beliebtesten Pizzeria in Dubai vereinen neapolitanische Traditionen mit New Yorker Kreativität. Pasta und Salate sind ebenfalls zu haben *(siehe S. 87)*.

3 Bord Eau

Das gehobene Restaurant in Abu Dhabis Shangri-La Hotel Qaryat Al Beri bietet feinste französische Küche – mit dem Überraschungsmenü macht man gewiss nichts falsch. Neben einem sehr schönen Gastraum lockt auch eine Terrasse *(siehe S. 101)*.

4 Nusr-Et Steakhouse

Der türkische Metzger und Koch Nusret Gökçe erlangte weltweite Internetbekanntheit durch ein Instagram-Video, in dem er ein Steak schneidet und salzt. Sein Steakhaus in Dubai bietet reizvolles Ambiente, hervorragenden Service und eine ansprechend bodenständige Speisekarte, die das Herz eines jeden Fleischliebhabers höherschlagen lässt *(siehe S. 81)*.

5 COYA

Dieses preisgekrönte Lokal im Four Seasons Resort feiert das Erbe der Inkas mit einer Auswahl zeitgemäßer peruanischer Gerichte. Hauptinspiration ist die lebendige lateinamerikanische Kultur, doch sorgsam dosierte spanische, japanische und chinesische Akzente machen den Genuss noch aufregender *(siehe S. 81)*.

6 Eauzone

Abends speist man in dem Restaurant des One & Only Royal Mirage *(siehe S. 113)* besonders romantisch: in arabischen Zelten zwischen reizvoll beleuchteten Pools. Aus der Küche kommen beste panasiatische Gerichte – traditionell oder modern *(siehe S. 87)*.

Abendliches Eauzone

Tisch im Indego by Vineet

7 Indego by Vineet

In diesem eleganten Restaurant bereitet der indische Sternekoch Vineet Bhatia Köstlichkeiten zu, die von traditionell bis zu modern mit europäischem Touch reichen *(siehe S. 87)*.

8 Hoi An

Sowohl in Dubai als auch in Abu Dhabi findet sich im Shangri-La Hotel eine Filiale des Restaurants mit innovativer vietnamesischer und französischer Küche. Die holzvertäfelten Räume beschwören das koloniale Flair Französisch-Indochinas herauf *(siehe S. 75 & S. 101)*.

9 Rhodes Twenty10

Das Restaurant führt das Erbe des 2019 verstorbenen Starkochs Gary Rhodes fort und serviert moderne Variationen klassischer Inselküche. Darüber hinaus gibt es eine Reihe exzellenter Gerichte mit nahöstlichen Einflüssen *(siehe S. 87)*.

10 Hoseki

In dem japanischen Sternerestaurant werden die atemberaubenden Kreationen von Masahiro Sugiyama serviert. Die Gäste sitzen an der Theke, während der Küchenchef die Gerichte ganz auf die Vorlieben jedes einzelnen Gastes abstimmt *(siehe S. 81)*.

Orientalische Küche

1 Tagine
Das zauberhaft gestaltete Restaurant bietet marokkanische Küche *(siehe S. 87)*.

2 Zahrat Lebnan
Die Einwohner Abu Dhabis lieben dieses gute libanesische Restaurant *(siehe S. 95)*.

3 Zahr el Laymoun
Karte C6 ▪ Souk Al Bahar, Dubai ▪ +971 4 242 3366 ▪ tägl. 10–24 Uhr ▪ DD
Zu libanesischen Gerichten genießt man hier den Blick auf den Dubai Fountain.

4 Shabestan
Karte L2 ▪ Radisson Blu Hotel, Dubai Creek ▪ +971 4 222 7171 ▪ tägl. 12.30–15.30 & 19.30–23.30 Uhr ▪ DDD
Neben exzellenter iranischer Küche lockt der Blick auf den Dubai Creek.

5 Awtar
Karte E2 ▪ Grand Hyatt Dubai ▪ +971 4 317 2221 ▪ So–Fr 19.30–3 Uhr ▪ DDD
In diesem libanesischen Restaurant treten regelmäßig Bauchtänzerinnen auf.

6 Ninive
Genießen Sie libanesische Gerichte in gemütlichem Ambiente *(siehe S. 75)*.

7 Almaz by Momo
Karte T2 ▪ Galleria, Abu Dhabi ▪ +971 2 676 7702 ▪ tägl. 12–3 Uhr ▪ DD
Das marokkanische Café gehört Gastro-Ikone Mourad »Momo« Mazouz.

8 Bastakiah Nights
Die Tische stehen im Hof eines traditionellen Hauses in Al Fahidi *(siehe S. 19)*.

9 Atayeb
W Abu Dhabi, Yas ▪ +971 2 656 0600 ▪ So–Fr 19–1 Uhr ▪ DD
Gäste können die landestypischen Speisen bei herrlichem Ausblick genießen.

10 Arabian Tea House
In einem hübschen Innenhof werden arabische Speisen serviert *(siehe S. 69)*.

Terrasse des Arabian Tea House

TOP 10 Shopping

Textilien auf dem Souk Al Bahar

1 Souk Al Bahar

Der gegenüber der Dubai Mall am Kanal gelegene Souk bietet verschiedene arabische Boutiquen und Antiquitätenläden sowie eine gute Auswahl an Restaurants und Bars *(siehe S. 72)*.

2 Mall of the Emirates

Dubais nobelste Shoppingmall beheimatet gut 520 Läden, darunter viele bekannte europäische Namen. Wer es eilig hat, sollte vor dem Besuch einen Blick auf die Website werfen und den Lageplan studieren *(siehe S. 79)*.

3 City Centre Mirdif

Karte E3 ▪ Sheikh Mohammed bin Zayed Road, Dubai ▪ +971 800 226 255 ▪ tägl. 10–22 Uhr (Do–Sa bis 24 Uhr) ▪ www.citycentremirdif.com

In der Mall warten Designerläden, Lokale und Unterhaltungsmöglichkeiten für Groß und Klein, z. B. ein Magic Planet wie in Deira *(siehe S. 44)* und ein schickes IMAX-Kino.

4 Dubai Festival City Mall

Karte E3 ▪ Al Rebat Street ▪ +971 800 332 ▪ tägl. 10–23 Uhr (Do–Sa bis 1 Uhr) ▪ www.dubaifestivalcitymall.com

Unter den rund 400 Läden der Mall am Wasser findet sich auch eine IKEA-Filiale. Zudem gibt es nette Freiluftrestaurants und eine Marina im Stil der französischen Riviera.

5 Marina Mall

Die große Mall in Abu Dhabi birgt über 300 Läden – neben bekannten Namen auch traditionelle arabische Händler für Parfum, Süßwaren und Mode – und schöne Cafés wie das Pariser Hediard *(siehe S. 91)*.

6 Wafi City

Hieroglyphen, Minipyramiden und Pharaonenstatuen zieren diese Mall voll schöner Boutiquen. Die Feinkostabteilung Wafi Gourmet lohnt einen Besuch *(siehe S. 68)*.

Mall of the Emirates

7 Abu Dhabi Mall

Die Läden in der eleganten Mall erstrecken sich über drei Etagen. Das Angebot reicht von Designermode über Elektronikartikel bis zu Wohnaccessoires *(siehe S. 94)*.

8 Ibn Battuta Mall

Karte A2 ■ Sheikh Zayed Road, Emirates Hills, Dubai ■ +971 800 625 4335 ■ tägl. 10–22 Uhr (Fr & Sa bis 24 Uhr) ■ www.ibnbattutamall.com

Diese Mall birgt sechs thematisch gestaltete Einkaufszonen – jede präsentiert den Stil eines der Länder, die Ibn Battuta, der Marco Polo Arabiens, einst bereiste: China, Indien, Persien, Ägypten, Tunesien und Andalusien. Auch ein Kino mit 21 Sälen gibt es hier.

Ibn Battuta Mall

9 The Galleria

Wer in Abu Dhabi edel shoppen will, ist hier goldrichtig. Auf drei Etagen reihen sich die schicksten Boutiquen internationaler Luxuslabels *(siehe S. 94)*.

10 Dubai Mall

Eine der weltweit größten Shoppingmalls liegt gleich neben dem höchsten Gebäude der Welt. Sie birgt nicht nur über 1000 Läden, sondern auch eine Eislaufbahn, ein Aquarium sowie einen riesigen Kino- und Unterhaltungskomplex. Die gut 150 Lokale reichen vom Edelrestaurant bis zum Schnellimbiss. Damit ist die Dubai Mall für Emiratis eher ein gesellschaftliches Zentrum als nur Konsumtempel *(siehe S. 73)*.

Souvenirs

Arabische *khanjars*

1 Kunsthandwerk
Typische arabische Kunsthandwerksartikel sind Kaffeekannen, traditionelle *khanjars* (Dolche) und mit Schnitzereien verzierte Holzschachteln.

2 Teppiche
In den Vereinigten Arabischen Emiraten verkaufen viele Läden Perserteppiche zu vergleichsweise günstigen Preisen. Feilschen wird übrigens erwartet.

3 Parfum
Besucher können sich aus arabischen Duftölen *(attar)* Parfums kreieren lassen.

4 Gold & Edelsteine
Gold ist in Dubai außerordentlich günstig, für Edelsteine – insbesondere Diamanten – muss man hingegen auch hier einiges an Geld hinlegen.

5 Krimskrams & Kitsch
Wecker in Form von Moscheen, Plüschkamele und der Burj Khalifa als Briefbeschwerer sind beliebte Souvenirs.

6 Kamelmilchschokolade
Der hohe natürliche Fettgehalt von Kamelmilch macht die Schokolade besonders zart und cremig.

7 Beduinenschmuck
Die traditionellen Armreife, Ketten und Ringe sind außergewöhnliche und in der Regel erschwingliche Souvenirs.

8 Musik-CDs
Wer mag, kann die Klänge des Nahen Ostens – von traditioneller Musik bis zu den Songs ägyptischer und libanesischer Popstars – mit nach Hause nehmen.

9 Arabische Pantoffeln
Mit einem Paar traditioneller Pantoffeln wird man zu Hause zum Aladdin.

10 Elektronikartikel
Der harte Wettbewerb unter den unzähligen Läden sorgt für Niedrigpreise.

TOP 10 Kostenlose Attraktionen

Scheich-Zayid-Moschee

1 Skulpturenpark des Jameel Arts Centre

Der Dubai Creek bildet die Kulisse für den Skulpturenpark des 2018 eröffneten Jameel Arts Centre, das in Dubais Kulturlandschaft eine wichtige Rolle hat *(siehe S. 38)*. Das liebevoll gestaltete Gelände ist die erste Freiluft-Kunstgalerie in den VAE.

2 Museen

Die Museen in Dubai und Abu Dhabi verlangen generell nicht viel Eintritt, doch gänzlich gratis zu besichtigen sind Kaffeemuseum *(siehe S. 67)*, Heritage House *(siehe S. 59)*, Al-Ahmadiya-Schule *(siehe S. 59)*, Museum für traditionelle Architektur *(siehe S. 67)* und Abu Dhabi Heritage Village *(siehe S. 92)*.

Im Kaffeemuseum

3 Scheich-Zayid-Moschee

Die prächtige Moschee in Abu Dhabi kann man kostenlos besichtigen und auch die Führungen sind gratis *(siehe S. 28f)*.

4 Palm Jumeirah Boardwalk

Karte B1

Beim Spaziergang auf dem elf Kilometer langen Uferweg der Insel Palm Jumeirah lassen sich all die dortigen Luxusresorts bestaunen, die sich bei Sonnenuntergang besonders hübsch zeigen.

5 Kunstgenuss

In Dubais zahlreichen Kunstgalerien kann man Werke von renommierten Künstlern aus dem Nahen Osten und dem Rest der Welt kostenlos bestaunen *(siehe S. 38f)*.

6 Shoppingmalls

Auch wenn man nicht shoppen will, lohnen die prächtigen Malls in Dubai und Abu Dhabi den Bummel. Besonders sehenswert sind die extravagante Ibn Battuta Mall *(siehe S. 51)* und die luxuriöse Mall of the Emirates *(siehe S. 79)*, die Blick auf die schneebedeckten Pisten von Ski Dubai *(siehe S. 77)* bietet.

7 Spaziergänge am Wasser

Wer den Dubai Creek *(siehe S. 16f)* in Bur Dubai entlangspaziert, erblickt einige der bedeutendsten Sehenswürdigkeiten der Stadt. In Abu Dhabi genießt man bei einem Bummel auf der Corniche *(siehe S. 90)* herrliche Ausblicke.

8 Strände

Der öffentliche Sandstrand Marina Beach *(siehe S. 85)* ist wegen der großartigen Wassersportmöglichkeiten sehr beliebt. In Abu Dhabi erstreckt sich an der Corniche *(siehe S. 90)* ein öffentlicher Strand.

9 Naturschutzgebiet Ras Al Khor

Die Landschaft des Naturschutzgebiets bildet einen starken Kontrast zu den Wolkenkratzern ringsum. Von Unterständen aus kann man Flamingos und andere Vögel beobachten. Gebühren fallen nur für Gruppen ab zehn Personen an *(siehe S. 72)*.

Naturschutzgebiet Ras Al Khor

10 Dubai Fountain

Der gigantische Brunnen befindet sich in der Mitte des Sees, der den Burj Khalifa umgibt. Die allabendlich und oft auch nachmittags stattfindenden Wasserspiele sind ein eindrucksvolles Spektakel, das man von der breiten Uferpromenade aus ganz kostenlos beobachten kann. Die von dramatischer Musik begleiteten Vorführungen sollte man nicht versäumen *(siehe S. 71)*.

Festivals & Veranstaltungen

Dubai Shopping Festival im Winter

1 Dubai Marathon
Jan ▪ www.dubaimarathon.org
Die Standard Chartered Bank sponsert den Marathon, der durch die Stadt führt.

2 Dubai Duty Free Tennis Championships
Karte E2 ▪ Dubai Tennis Stadium, Al Garhoud ▪ Feb/März ▪ www.dubaidutyfreetennischampionships.com
Hier treten nur Top-Spieler an.

3 Dubai World Cup
Karte D3 ▪ Meydan City, Dubai ▪ Ende März ▪ www.dubaiworldcup.com
Das Pferderennen ist höchstdotiert.

4 Art Dubai
Karte C2 ▪ Madinat Arena, Dubai ▪ März ▪ www.artdubai.ae
Die Messe zeigt Kunst der Gegenwart.

5 Dubai International Jazz Festival
Karte B2 ▪ Dubai Media City ▪ März ▪ www.dubaijazzfest.com
Große Namen locken viel Publikum an.

6 Omega Dubai Desert Classic
Karte B2 ▪ März ▪ www.dubaidesertclassic.com
Das Golfturnier hat Renommee.

7 Abu Dhabi Desert Challenge
April ▪ www.abudhabidesertchallenge.com
Die Wüstenrallye dauert vier Tage.

8 Dubai International Film Festival
Karte C2 ▪ Madinat Jumeirah ▪ Dez ▪ www.dubaifilmfest.com
Eine Woche voller Filme und Galas!

9 Global Village
Karte C3 ▪ Dubailand, Emirates Road ▪ Dez–Feb ▪ www.globalvillage.ae
Ein Basar verströmt hier Multikulti-Flair.

10 Dubai Shopping Festival
Dez–Feb ▪ www.mydsf.ae
In der ganzen Stadt locken neben dem Shopping auch unterhaltsame Shows.

TOP 10 Ausflüge & Touren

1 Wonder Bus Tour

+971 4 359 5656 ▪ www.wonderbusdubai.net

Die einstündige Rundfahrt führt zunächst nach Al Shindagha im Stadtteil Bur Dubai, dann geht es mit den Amphibienfahrzeugen auf dem Dubai Creek durch die Altstadt.

2 Liwa-Oase

200 km südl. von Abu Dhabi

Direkt neben goldenen, bis zu 100 Meter hohen und gänzlich kahlen Dünen florieren Dattelfarmen – ein toller Anblick *(siehe S. 32)*.

3 Hatta

105 km südöstl. von Dubai ▪ Heritage Village: +971 800 33222

In der friedlichen Oasenstadt lohnt vor allem das Heritage Village einen Besuch. In den Bergen laden die kristallklaren Hatta Rock Pools zum Schwimmen ein.

4 Al Ain

160 km südl. von Dubai ▪ Al Ain Palace Museum: +971 3 711 8388 ▪ Al-Jahili-Festung: neben Al Ain Rotana Hotel ▪ Kamelmarkt: an der Grenze zu Buraimi

Die grüne, auch als Garden City bekannte Stadt beheimatet das Al Ain Palace Museum, einen lebhaften Kamelmarkt und die bekannte Al-Jahili-Festung.

Tongefäß im Heritage Museum von Sharjah

5 Sharjah

10 km nordöstl. von Dubai ▪ Sharjah Art Museum: +971 6 568 8222 ▪ Heritage Museum: +971 6 568 0006 ▪ Archäologisches Museum: +971 6 566 5466

Nach einem Besuch von Sharjah Art Museum, Heritage Museum und Archäologischem Museum locken die Souks von Sharjah, wo man ausgiebig bummeln und Souvenirs kaufen kann.

Goldene Dünen nahe der Liwa-Oase

Berglandschaft, Halbinsel Musandam

6 Halbinsel Musandam

193 km nordöstl. von Dubai

■ **Khasab Travel & Tours: +971 4 266 9950; www.khasabtours.com**

Die nördliche Enklave mit imposanten Klippen und zerklüfteter Küste gehört zum Oman (Visa werden an der Grenze erteilt). Tagestouren auf *dhows* führen in die Fjorde.

7 Fujairah

130 km östl. von Dubai

Die Fujairah-Küste besteht aus Korallenriffen und von Forts und Wachtürmen gekrönten Hügeln. Die 1670 erbaute Festung Fujairah ist die älteste der VAE.

8 The Yellow Boats

www.theyellowboats.com

Auf den Bootsfahrten entlang der Küste eröffnen sich herrliche Ausblicke auf das moderne Dubai. Die Touren beginnen im Yachthafen. Sie führen vorbei an Wolkenkratzern, an Atlantis, The Palm, an Palm Jumeirah und am Burj Al Arab.

9 Bidiya

38 km nördl. von Fujairah

■ **Moschee: nur geführte Besuche außerhalb der Gebetszeiten**

Die 1446 aus Lehmziegeln, Stein und Gips erbaute Moschee des Fischerdorfs – ein restaurierter Bau mit vier kleinen, auf einer Mittelsäule ruhenden Kuppeln – ist die älteste der Vereinigten Arabischen Emirate.

Moschee in Bidiya

10 Touren durch Al Fahidi

Sa 9 Uhr, Di & Do 10.30 Uhr

Das Sheikh Mohammed Centre for Cultural Understanding *(siehe S. 18)* bietet geführte Touren durch Al Fahidi. Auf den 90-minütigen Spaziergängen erhalten Sie neben fundierten Informationen über den Stadtteil die seltene Gelegenheit, die Diwan-Moschee zu besichtigen. Auch eventuelle Fragen werden beantwortet.

Stadtteile

Wolkenkratzer säumen die eindrucksvolle Dubai Marina

TOP 10 Deira

Schmuckstück vom Gold-Souk

Deira ist das betriebsame Geschäftsviertel am nördlichen Abschnitt des Dubai Creek, wo Dubais Handel seinen Ursprung hat. Der Kontrast zwischen den traditionellen *dhows* am Pier und den Fassaden der modernen Wolkenkratzer fasziniert. Die Fracht der *dhows* wird größtenteils in die Souks und Shoppingviertel von Deira geliefert. In dem Stadtteil befinden sich Dubais schönste Basare: der Gold-Souk, der Gewürz-Souk und der Deira-Souk. Dank eines Schutzprogramms der Stadtverwaltung sind historische Bauten wie die Al-Ahmadiya-Schule und das Heritage House bis heute verblieben.

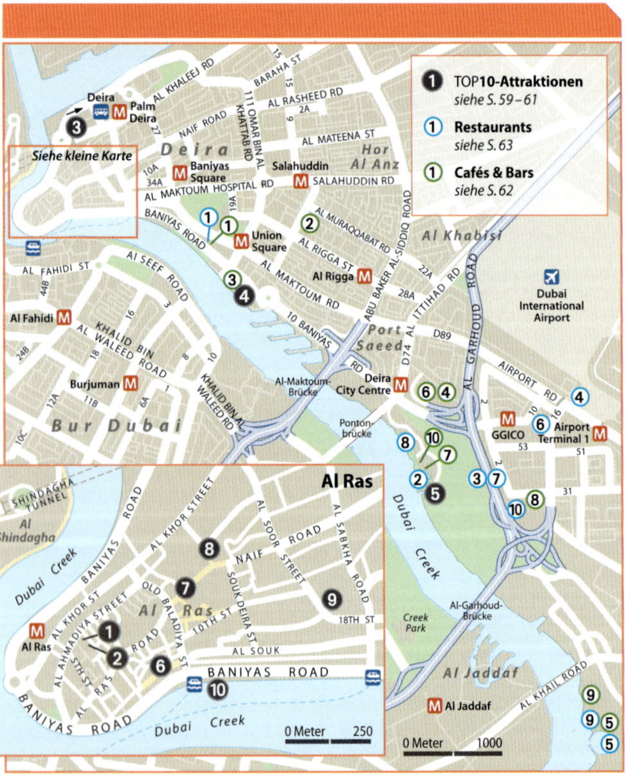

Innenhof, Heritage House

1 Heritage House

Karte K1 ■ Al Khor Street ■ +971 800 33222 ■ wegen Renovierung geschl. ■ www.dubaiculture.gov.ae

Das wundervoll restaurierte Anwesen aus den 1890er Jahren hat zehn Zimmer, jedoch keinen Windturm. Stattdessen weht die Brise vom Dubai Creek durch die offenen Türen und Fenster des Obergeschosses. Ein Museum widmet sich der Geschichte des Emirats. Die Zimmer sind im historischen Stil eingerichtet und mit Dioramen versehen. Touchscreens liefern Informationen.

2 Al-Ahmadiya-Schule

Karte K1 ■ Al Khor Street ■ +971 800 33222 ■ wegen Renovierung geschl. ■ www.dubaiculture.gov.ae

Dubais erste Schule gründete 1912 ein Perlenhändler und Philanthrop. Unterrichtet wurden Mathematik, der Koran und arabische Kalligrafie. Die Jungen saßen auf Palmenmatten am Boden. In den Küstenstädten der Emirate gründete man mit der Unterstützung führender Händler und Scheichs viele solcher Schulen. 1963 wurde die Al-Ahmadiya-Schule geschlossen. Nun birgt das Haus ein Museum zur Geschichte der Schule. Allein die Architektur des Gebäudes ist sehenswert.

3 Waterfront Market

Karte F2 ■ Corniche Deira ■ www.waterfrontmarket.ae

Ein Besuch dieses modernen, 2017 eröffneten Marktkomplexes an der Al Khaleej Road, in den auch Dubais Fisch-Souk umgezogen ist, gibt Einblick in die Esskultur des Landes. Fischhändler bieten hier fast rund um die Uhr (mittags wird durchgeputzt!) fangfrisch Barrakuda, Garnelen und Hammour an, in anderen Sektionen finden sich Metzger, vor allem aber zahllose Stände mit einer riesigen Auswahl an Obst und Gemüse. Ein eigener Bereich dient allein dem Verkauf verschiedenster Dattelsorten *(siehe S. 27)*.

4 Emirates National Bank of Dubai

Karte K3 ■ Baniyas Road

Die Nationalbank zählt zu den ältesten architektonischen Wahrzeichen von Dubai. Das von einer traditionellen *dhow* inspirierte Design entwarf Mitte der 1990er Jahre Carlos Ott, der Architekt der Pariser Opéra de la Bastille. Die gebogene Schürze aus Glas symbolisiert ein geblähtes Segel, die grüne Glasverkleidung am Fuß des Baus erinnert an Wasser, das Aluminiumdach an einen Schiffsrumpf. In der Abendsonne glitzert der Bau besonders schön.

Emirates National Bank of Dubai

Dubai Creek Golf & Yacht Club

5 Dubai Creek Golf & Yacht Club

Karte K6 ▪ Al Garhoud ▪ +971 4 295 6000 ▪ www.dubaigolf.com

Das von Grünanlagen umgebene, hohe weiße Gebäude, das an das Segel einer *dhow* erinnert, ist von der Al-Maktoum- und von der Al-Garhoud-Brücke aus zu sehen. Der Turniergolfplatz ist das Herzstück des weitläufigen Freizeitkomplexes, der auch eine Marina mit 115 Ankerplätzen umfasst. Zum separaten Yachtclub gehören sowohl das Restaurant Aquarium als auch das auf Stelzen stehende Boardwalk *(siehe S. 63)* – eines der beliebtesten Freiluftlokale Dubais, das vor allem abends, wenn die beleuchteten *dhows* vorbeiziehen, eine herrliche Aussicht auf den Dubai Creek bietet.

6 Parfum-Souk

Karte K1

Die Läden, die östlich des Gold-Souk die Sikkat Al Khail Street säumen, sind gemeinhin als Parfum-Souk bekannt. Die Produktpalette umfasst internationale und hiesige Marken; besonders faszinierend sind Düfte mit der traditionellen, aus Räucherholz *(oud)* des Adlerholzbaums gewonnenen Note. Die geschliffenen Fläschchen sind hübsche Souvenirs. Kunden können sich auch eigene Düfte kreieren lassen *(siehe S. 27)*.

Angebot auf dem Gewürz-Souk

Deiras Geschichte

Liberale Handelsbestimmungen legten den Grundstein Deiras, das bereits Anfang des 20. Jahrhunderts die größten Souks der arabischen Küste beheimatete. Nachdem 1902 in Lingah hohe Zölle eingeführt worden waren, zogen viele persische Händler nach Deira. Sie treiben bis heute – wie viele andere *dhows* auf dem Creek – Handel mit Lingah.

7 Gewürz-Souk

Karte K1

Der stimmungsvolle Souk verspricht eine sinnliche Reise in die Vergangenheit. In einem Labyrinth enger Gassen reihen sich kleine Läden mit duftenden Gewürzen aneinander. Es gibt Säcke voller Zimtstangen, Weihrauch, Kreuzkümmel, Koriander und *oud* (Räucherholz). Räucherwerk mit Utensilien, Sets für Hennamalerei, Safran und Rosenwasser eignen sich prima als Souvenir *(siehe S. 27)*.

8 Gold-Souk

Karte K1

So viel Gold wie in Dubais altem Gold-Souk ist vermutlich an keinem anderen Ort der Welt zu sehen. Der Souk unter traditionellen arabischen Arkaden mit gewölbtem Holzdach wird seit über 100 Jahren von indischen und iranischen Goldschmieden und Händlern dominiert, bietet aber auch Schmuck westlichen Stils *(siehe S. 26)*.

9 Deira-Souk

Karte K1

Der sowohl von Emiratis wie auch hier ansässigen Ausländern gern besuchte überdachte Markt vermittelt einen Eindruck vom kulturellen Schmelztiegel Dubai. In den Läden gibt es alles – von bunten indischen Gewändern bis zu Küchengeräten.

Deira-Souk

10 Dhow-Werft

Karte K4 ■ Baniyas Road

Am Pier entlang der Baniyas Road kann man einen näheren Blick auf die bemalten hölzernen *dhows* werfen: Die traditionellen Segelschiffe, die bis heute auf dem Golf verkehren, liegen hier vor Anker. *Dhows* segelten ab den 1830er Jahren aus Ländern wie Pakistan und Sudan nach Dubai, inzwischen transportieren sie moderne Errungenschaften wie Kühlschränke, Klimaanlagen und Elektronikgeräte.

Spaziergang

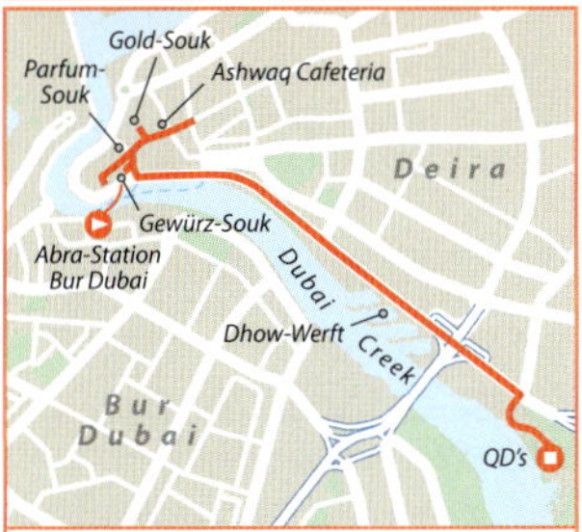

Nachmittags

Starten Sie erst gegen 16.30 Uhr, wenn die Läden der Souks nach dem Gebet wieder öffnen und die Temperaturen angenehmer sind. Steigen Sie an der **Abra-Station Bur Dubai** in ein Boot und setzen Sie zur Station Deira Old Souk über. Eine Unterführung unter der Baniyas Road bringt Sie zum **Gewürz-Souk**. Dort können Sie entspannt durch die dufterfüllten Gassen schlendern. Verlassen Sie den Souk an der Al Abra Street, biegen Sie rechts in die Al Ras Street, die Sie zur Sikkat Al Khail Street führt, und vor Ihnen liegt der Eingang zum **Gold-Souk** mit seinen Säulengängen. Hier gibt es mehr als 300 Schmuckläden – die meisten akzeptieren Kreditkarten. Spazieren Sie durch die Gassen und kehren Sie in einem der Cafés ein, bevor Ihr Weg Sie weiterführt zum kleinen **Parfum-Souk** *(siehe S. 27)*, dessen Ladenfenster Flakons mit schweren Düften füllen.

Abends

Wenn Sie langsam Hunger verspüren, gehen Sie auf der Sikkat Al Khail Street bis zur **Ashwaq Cafeteria** (+971 4 226 1164), einem netten bodenständigen Café mit Terrasse, das u. a. leckere *shawarma* serviert. Spazieren Sie dann zur **Dhow-Werft** am Dubai Creek. Für einen entspannten Ausklang des Tages machen Sie sich auf zum Dubai Creek Golf & Yacht Club, wo Sie z. B. im **QD's** *(siehe S. 62)* den einen oder anderen Cocktail genießen können.

Cafés & Bars

1 YUM!

Karte L2 ▪ Radisson Blu Hotel ▪ +971 4 205 7033 ▪ tägl. 12–23 Uhr ▪ D

Die Gerichte der unter dem Motto »Live Fast: Eat Fast« arbeitenden Nudelküche sind von Ländern des Fernen Osten inspiriert.

2 Aroos Damascus

Karte L3 ▪ Al Muraqqabat Road ▪ +971 4 221 3673 ▪ tägl. 7–3 Uhr ▪ D

Das Café serviert perfekt zubereitete *mezze*, Grillgerichte und Seafood. Das alles genießt man am besten auf der hübschen Terrasse.

3 Chelsea Arms Pub

Karte K3 ▪ Sheraton Dubai Creek ▪ +971 4 207 1721 ▪ tägl. 17–2 Uhr ▪ DD

Die Sportbar englischen Stils bietet Fass- und Flaschenbier, Kneipenkost und Sportübertragungen.

4 Pappa Roti

Karte L5 ▪ City Centre Deira ▪ +971 4 299 9266 ▪ tägl. 9–23 Uhr (Fr & Sa bis 24 Uhr) ▪ D

Mit süßen Brötchen, ausgefallenen Heißgetränken und erfrischenden Säften sind die Cafés der beliebten Kette ein ideales Ziel für die kleine Shopping- oder Sightseeing-Rast.

5 Eclipse Bar

Karte E3 ▪ InterContinental, Dubai Festival City ▪ +971 4 701 1111 ▪ Di–So 20–1 Uhr ▪ DD

Der Blick von der Hotelbar im 26. Stock auf den Dubai Creek und die Sheikh Zayed Road ist fantastisch.

6 Paul

Karte E2 ▪ City Centre Deira ▪ +971 4 295 8404 ▪ tägl. 9–23 Uhr ▪ DD

Die französische Brasserie ist sehr beliebt – vor allem wegen der Sandwiches, Salate und Eggs Benedict.

7 Cielo Sky Lounge

Karte K6 ▪ Dubai Creek Golf & Yacht Club ▪ +971 4 416 1801 ▪ tägl. 17.30–2 Uhr (Fr –So bis 3 Uhr) ▪ DD

Ob Sie nur einen Sonnenuntergangsdrink nehmen oder eine Partynacht erleben möchten – die Terrassenbar mit herrlichem Blick auf die Skyline von Dubai ist der rechte Ort.

8 Irish Village

Karte E2 ▪ Al Garhoud ▪ +971 4 282 4750 ▪ tägl. 11–1 Uhr (Do & Fr bis 2 Uhr) ▪ DD

Bei ein oder zwei Pints und einer in Guinness-Bierteig gebackenen Portion Fish and Chips fühlt man sich in diesem Pub fast wie in Irland. Vor der Tür stehen einladende Bänke.

9 Belgian Beer Café

Karte E3 ▪ Crowne Plaza, Dubai Festival City ▪ +971 4 701 1127 ▪ tägl. 12–2 Uhr ▪ DD

Vor allem Dubais Expats lieben das »BBC« für seine gemütliche Atmosphäre und die immense Auswahl an belgischen Bieren und Kneipengerichten.

10 QD's

Karte K6 ▪ Dubai Creek Golf & Yacht Club ▪ +971 4 295 6000 ▪ tägl. 17–2 Uhr ▪ DD

Die schöne Holzterrasse am Dubai Creek ist ein wunderbarer Ort für einen entspannten Sundowner. Im *majlis* kann man bei Livemusik Shisha rauchen.

Terrasse des QD's

Restaurants

1 The China Club

Karte L2 ■ Radisson Blu Hotel ■ +971 4 205 7033 ■ tägl. 12.30–15 & 19.30–23 Uhr ■ DD

Das schicke Lokal in authentischem Stil serviert Dim Sum und andere chinesische Spezialitäten.

The China Club

2 Twiggy by La Cantine

Karte E2 ■ Dubai Creek Golf & Yacht Club ■ +971 4 602 1105 ■ tägl. 12–1 Uhr ■ DDD

An einer künstlichen Lagune wird hier zum Blick auf den Dubai Creek mediterrane Küche serviert.

3 Thai Kitchen

Karte E2 ■ Dubai Creek Golf & Yacht Club ■ +971 4 602 1814 ■ tägl. 18–24 Uhr ■ DD

Sehen Sie den Köchen bei der Arbeit zu, während Sie z. B. kleine Degustationsportionen der verschiedenen Köstlichkeiten genießen.

4 Seafood Market

Karte E2 ■ Le Méridien Dubai Hotel & Conference Center ■ +971 4 702 2455 ■ tägl. 12.30–17 & 19–23.30 Uhr ■ DD

Hier wird frischer Fisch vor der Zubereitung auf Eis präsentiert.

5 Cheesecake Factory

Karte E2 ■ Dubai Festival City Mall ■ +971 4 419 0874 ■ tägl. 10–23 Uhr (Do–Sa bis 24 Uhr) ■ DD

Das freundliche Lokal bietet nicht nur eine einzigartige Auswahl köstlicher Käsekuchen, es gibt auch gute herzhafte Gerichte in ordentlichen Portionen.

Preiskategorien

Preis für ein Drei-Gänge-Menü pro Person mit einer halben Flasche Wein, inkl. Steuern und Service.

D unter 100 AED **DD** 100–400 AED
DDD über 400 AED

6 Fujiya

Karte E2 ■ Millenium Airport Hotel ■ +971 4 602 1105 ■ tägl. 12–1 Uhr ■ DD

Wo führende japanische Küchenchefs in ihrer Freizeit essen, kann man sich eines authentischen Genusses sicher sein.

7 Traiteur

Karte E2 ■ Dubai Creek Golf & Yacht Club ■ +971 4 602 1814 ■ tägl. 18–24 Uhr (Sa ab 13 Uhr) ■ DDD

Das Ambiente ist schick modern, die Küche klassisch europäisch und gut, Samstag gibt es Brunch

8 Boardwalk

Karte E2 ■ Dubai Creek Golf & Yacht Club ■ +971 4 205 4647 ■ tägl. 12–24 Uhr (Sa & So 11.30–1 Uhr) ■ DD

Die Holzterrasse am Wasser bietet schönen Blick auf den Creek – vor allem abends. Dazu gibt es mediterrane und östlich inspirierte Gerichte.

9 Anise

Karte E3 ■ InterContinental, Dubai Festival City ■ +971 4 701 1131 ■ tägl. 18.30–23.30 Uhr ■ DD

Nach etwas Shopping in der Dubai Festival City Mall schmecken hier Speisen aus aller Welt.

10 Nomad

Karte E2 ■ Jumeirah Creekside Hotel, Al Garhoud ■ +971 4 230 8485 ■ tägl. 6.30–24 Uhr ■ DD

In aufregendem Dekor werden Gäste des schönen Restaurants mit toller internationaler Küche verwöhnt.

Siehe Karte S. 58

TOP 10 Bur Dubai

Wo heute Hotels, Wohnanlagen und Bürogebäude dominieren, gab es vor rund 100 Jahren nur Sand und vereinzelte Barasti- und Windturmhäuser. Einen Eindruck vom alten Bur Dubai vermittelt das längs des Dubai Creek gelegene historische Viertel Al Fahidi. Hier stehen noch traditionelle Häuser und auch die imposante Al-Fahidi-Festung, die heute das Dubai Museum birgt. Im denkmalgeschützten Al Shindagha an der Mündung des Creek begann einst Dubais Entwicklung zur kosmopolitischen Handelsstadt. Die Souks von Bur Dubai zeugen davon.

Vertäfelung (Detail) im Museum für traditionelle Architektur

1 Crossroads of Civilization

Karte J1 ■ Al Shindagha ■ +971 4 393 4440 ■ tägl. 9–18 Uhr ■ Eintritt ■ www.themuseum.ae

Seltene Artefakte aus dem Nahen Osten entführen Besucher des kleinen Museums auf eine Zeitreise vom antiken Mesopotamien bis in die osmanische Zeit. Zu den Glanzstücken zählen Masken ägyptischer Mumien, Skulpturen aus dem Reich der Sumerer und ein Fragment der von Süleyman I. im Jahr 1543 gestifteten *kiswa* – das Tuch, mit dem einst die Kaaba in der Großen Moschee in Mekka umhüllt wurde.

2 Al-Fahidi-Festung & Dubai Museum

Die imposante Al-Fahidi-Festung wurde 1788 als Dubais Hauptverteidigungsanlage errichtet. Sie diente seither als Gefängnis und als Herrscherresidenz. Das Bauwerk beherbergt heute das interessante Dubai Museum, das einen Überblick über die Geschichte des Emirats bietet. Besucher können durch einen Souk der 1950er Jahre spazieren, eine Oase mit *falaj* (Bewässerungskanal) sehen, etwas über die Wüste bei Nacht lernen oder eine traditionelle Hütte aus *barasti* (Palmwedeln) besichtigen *(siehe S. 14f)*.

3 Iranische Moschee

Karte J1 ■ Zutritt nur für Muslime

Die Moschee in einer Gasse beim Textil-Souk *(siehe S. 66)* bezaubert durch ihren

Tür der Iranischen Moschee

traditionell persischen Stil. Die Fassade ist komplett mit *Girih*-Kacheln bedeckt, wobei hübsche Rankenmuster und Blumenmotive in Gelb und Grün die großen tiefblau glasierten Flächen durchbrechen.

4 Diwan

Karte K2 ■ Al Fahidi Street, Al Fahidi

Der sandfarbene Bau mit den imposanten Windtürmen steht am Dubai Creek nahe der Großen Moschee. Die Eisentore verweisen auf seine Bedeutung: Der Diwan (persisch für Versammlung) ist Gerichtshof und Amtssitz der höchsten Beamten. Auch Scheich Mohammed, der Herrscher von Dubai, hat in dem Gebäude seine Büros.

Diwan

5 Al Fahidi

Eines der ältesten und stimmungsvollsten Viertel von Dubai – enge Gassen und sorgsam restaurierte traditionelle Gebäude – lädt zu ausgedehnten Spaziergängen ein. Viele der Häuser besitzen Windtürme – Vorläufer der Klimaanlage. Die beste Zeit, Al Fahidi zu besuchen, ist spätnachmittags, wenn die Gebäude in goldenes Licht getaucht sind. Die Gegend ist inzwischen ein kulturelles Zentrum der Stadt. Viele Häuser werden als Kunstgalerien und Cafés genutzt *(siehe S. 18f)*.

Teppiche auf dem Textil-Souk

6 Al-Shindagha-Museum

Karte J1 ■ Al Shindagha Historic District ■ +971 800 33222 ■ tägl. 10–20 Uhr ■ www.dubaiculture.gov.ae

Das Museum am Dubai Creek erzählt die stolze Geschichte des Landes. Zu seinen Glanzlichtern gehört das Perfume House, das den regionalen Traditionen rund um das allgegenwärtige Räucherholz *oud* wie auch der faszinierenden Rolle von Düften in der arabischen Gesellschaft gewidmet ist. Das Sheikh Saeed Al Maktoum House im Zentrum der mehrere Gebäude umfassenden Museumsanlage stammt aus dem Jahr 1896 und diente einst als Sitz des Herrschers von Dubai.

7 Textil-Souk

Karte K1

Der schöne Souk, der von einem imposanten Holzgewölbe überdacht ist, beginnt am Ufer des Dubai Creek an der Abra-Station Deira Old Souk. Der Markt verbindet reizvoll Historie und Gegenwart – entsprechend findet man hier Geldwechsler und Billigkleidung ebenso wie Teppiche, Stoffe, arabische Pantoffeln und diverse Kuriositäten. Auf diesem Souk gibt es besonders viel zu entdecken. Viele Schneider arbeiten hier noch mit altmodischen Nähmaschinen. Auch ein Blick in die umliegenden Gassen lohnt – dort finden sich vereinzelt noch traditionelle Wohnhäuser mit hölzernen Balkonen und Sprossenfenstern wie auch einige Windtürme *(siehe S. 27)*.

Im Al-Shindagha-Museum

8 Hindi Lane

Karte K1

Die »Hindi-Gasse« verläuft hinter dem Textil-Souk und wird von den meisten Urlaubern schlicht übersehen. Der reizende Straßenzug ist eine indische Enklave: Kleine Läden verkaufen hier Poster mit religiösen Motiven, Blumengirlanden und traditionelle Schmuckstücke *(bindis)*, die als Stirnzeichen getragen werden. Im oberen Stockwerk eines der Häuser befindet sich ein kleiner Gurdwara – Gebetsstätte der Sikhs.

9 Kaffeemuseum

Karte K2 ■ Villa 44, Al Fahidi ■ +971 4 353 8777 ■ Sa–Do 9–17 Uhr ■ Eintritt ■ www.coffeemuseum.ae

Das faszinierende zweistöckige Museum ist mit Artefakten und Accessoires rund um den Kaffee gefüllt. Oben bietet eine Kaffeebar eine große Auswahl an hochwertigen Sorten an, unten verkauft ein Laden Kaffee-Eis – perfekter Muntermacher an heißen Tagen *(siehe S. 18)*.

10 Museum für traditionelle Architektur

Karte J1 ■ Al-Shindagha-Museum ■ +971 800 33222 ■ tägl. 10–20 Uhr ■ www.dubaiculture.gov.ae

Das Haus gehörte einst Scheich Juma Al Maktoum, heute ist es als Teil des Al-Shindagha-Museums der traditionellen Architektur des Landes gewidmet. Präsentiert werden Baumaterialien – Stein, Korallengestein, Lehm und Gips – und typische Bautechniken sowie eine Reihe traditioneller Werkzeuge, die einst beim Bau arabischer Häuser zum Einsatz kamen.

Stammsitz der Al Maktoums

Die Herrschaft der Al-Maktoum-Familie über Dubai begann 1833 mit Scheich Maktoum bin Buti, der sich mit rund 800 Leuten vom Stamm Al Bu Falah in Abu Dhabi getrennt hatte *(siehe S. 36)* und in Al Shindagha ansiedelte. Der Standort war klug gewählt – der Handel und Dubais Perlentaucher- und Fischereigewerbe entwickelten sich schnell.

Spaziergang

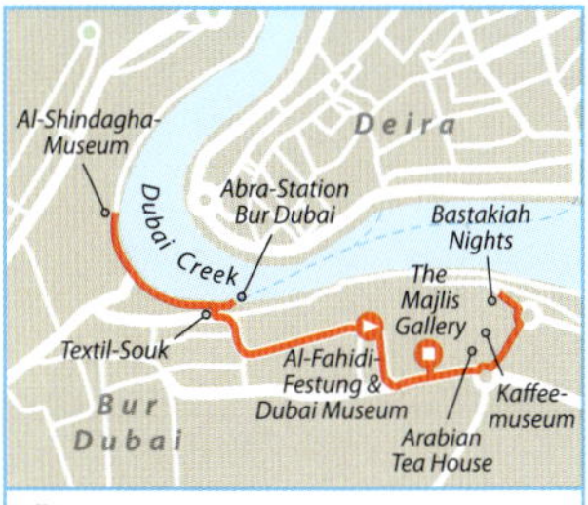

Vormittags

Beginnen Sie Ihre Tour an der **Al-Fahidi-Festung** mit dem interessanten **Dubai Museum**, wo man viel über Geschichte und Tradition erfahren kann. Für eine kleine Rast empfiehlt sich eines der Uferlokale, die erfrischenden Zitronensaft mit Minze servieren. Dann geht es an die weitere Erkundung des historischen Viertels Al Fahidi, wobei auch ein Besuch im **Kaffeemuseum** nicht fehlen sollte.

Westlich der Al-Fahidi-Festung lädt der **Textil-Souk** zu einem Bummel ein. Werfen Sie beim Gang entlang der Stände auch einen Blick in die Gassen, die restaurierte Windtürme und kleine Schneidereien bergen. Wenn Sie am Ufer des Creek weitergehen, gelangen Sie zum **Al-Shindagha-Museum**, das über die Vergangenheit des Dubai Creek und die Geschichte arabischen Parfums informiert. Auf dem Rückweg Richtung Al Fahidi passieren Sie die **Abra-Station Bur Dubai** – eine kleine Fahrt mit dem Wassertaxi eröffnet reizvolle Ansichten der Stadtsilhouette.

Nachmittags

Wenn Sie der Al Fahidi Street folgen, können Sie im **Arabian Tea House** *(siehe S. 69)* ein spätes Mittagessen genießen, bevor Sie noch ein wenig durch das Viertel Al Fahidi schlendern. Sowohl das Restaurant **Bastakiah Nights** *(siehe S. 69)* als auch **The Majlis Gallery** *(siehe S. 38)* sind dabei einen Besuch wert.

Siehe Karte S. 64

Shopping

Burjuman Mall

1 Burjuman Mall

Karte J3 ■ Trade Centre Road ■ +971 4 352 0222 ■ tägl. 10–23 Uhr ■ www.burjuman.com

Exklusive Läden verkaufen hier Designermode und Accessoires.

2 Jashanmal »Around the World«

Karte J3 ■ Burjuman Mall ■ +971 4 325 4698 ■ tägl. 10–22 Uhr (Do & Fr bis 23 Uhr)

Mit Taschen, Koffern und Accessoires verschiedener Marken bietet der Laden Reisenden bestmögliche Ausstattung.

3 Meena Bazaar

Karte J2 ■ Al Fahidi Street ■ tägl. 9–22 Uhr

In diesem Gassengewirr liegen kleine Läden für Textilien, Schmuck und allerlei Kunsthandwerk. Mehrere indische Lokale versorgen Besucher mit leckeren Snacks.

4 Wafi Gourmet

Karte H5 ■ Wafi City ■ +971 4 324 4433 ■ tägl. 10–22 Uhr (Do & Fr bis 24 Uhr)

Hier locken Fässer voller Oliven und Datteln, Kisten mit libanesischer Zuckerbäckerei, viele arabische Käsesorten und diverse Süßigkeiten.

5 Al Satwa

Karte E2

In dem für Stoffhändler, Schneider und indisches Naschwerk bekannten Viertel kaufen Einheimische ein.

6 Wafi City

Karte E2 ■ Oud Metha Road ■ +971 4 324 4555 ■ tägl. 10–22 Uhr (Fr, Sa bis 24 Uhr) ■ www.wafi.com

Der etwas kitschige Bau in Form einer ägyptischen Pyramide ist ein echtes Paradies für Modefans.

7 Textil-Souk

Das Sortiment der kleinen Läden und Stände auf dem schön restaurierten alten Markt reicht von Stoffen über Schuhe und Billigkleidung bis zu Kuriositäten *(siehe S. 66)*.

8 Karama-»Souk«

In dem Shoppingareal sind arabisches Kunsthandwerk, Souvenirs und Waren im Stil bekannter Designer recht preiswert zu haben *(siehe S. 27)*.

9 Computer Plaza

Karte F7 ■ Al-Ain Centre, Al Mankhool Road ■ +971 4 261 2443 ■ tägl. 10–22 Uhr

Das Shoppingcenter beherbergt mehr als 60 Läden, in denen man günstig Notebooks, Digitalkameras, Software etc. kaufen kann.

10 Ajmal

Karte J3 ■ Burjuman Mall ■ +971 4 351 5505 ■ tägl. 10–22 Uhr (Do & Fr bis 23 Uhr)

Der Laden ist auf arabische Parfums spezialisiert, die intensiver und würziger sind als europäische Marken. Auf Wunsch werden für Kunden auch individuelle Düfte kreiert.

Restaurants & Cafés

1 Ravi
Karte E4 ■ Al Satwa Roundabout ■ +971 4 331 5353 ■ tägl. 5–3 Uhr ■ kein Alkohol ■ D
Einheimische lieben das lebhafte Lokal für seine preiswerten pakistanischen Gerichte – das Butterhühnchen ist besonders zu empfehlen.

2 Calicut Paragon
Karte J4 ■ gegenüber Lulu Centre, Al Karama ■ +971 4 335 8700 ■ tägl. 7–0.30 Uhr ■ kein Alkohol ■ D
Auf der Karte stehen Gerichte, wie man sie in Kozhikode (früher Kalikut) an der indischen Malabarküste genießt. Probieren Sie unbedingt eines der tollen Seafood-Currys.

3 Awtar
Karte E2 ■ Grand Hyatt ■ +971 4 317 2221 ■ Di–So 19.30–3 Uhr ■ DD
Das Interieur im Stil eines opulenten Zeltes erweckt den Eindruck, man sei in einem arabischen Herrscherhaus zu Gast. Arabische Lieder und Bauchtanz runden das Essen in der ansprechenden Kulisse ab.

4 Khan Murjan
Karte E2 ■ Souk Khan Murjan, Wafi City ■ +971 4 327 9795 ■ tägl. 9–0.30 Uhr ■ DD
Das reizende Lokal in einem Innenhof ist bei Einheimischen äußerst beliebt. Serviert werden libanesische, ägyptische, marokkanische und iranische Gerichte sowie traditionelle hiesige Speisen.

5 Bastakiah Nights
Von der Dachterrasse genießt man bei traditionellen arabischen Speisen herrliche Aussicht auf die Altstadt – das sollten Sie keinesfalls verpassen *(siehe S. 19)*.

6 Al Fanar
Karte K2 ■ Al Seef ■ +971 4 396 6669 ■ tägl. 10.30–23 Uhr ■ DD
In dem stimmungsvollen Lokal wird nach Rezepten gekocht, die von der Großmutter des Gründers stammen.

Preiskategorien
Preis für ein Drei-Gänge-Menü pro Person mit einer halben Flasche Wein, inkl. Steuern und Service.

D unter 100 AED **DD** 100–400 AED
DDD über 400 AED

7 Arabian Tea House
Karte K2 ■ Al Fahidi Street ■ +971 4 353 5071 ■ tägl. 7–24 Uhr ■ kein Alkohol ■ DD
Das Lokal in einem schönen Innenhof bezaubert mit authentischem arabischen Flair *(siehe S. 19)*.

8 Peppercrab
Karte E2 ■ Grand Hyatt ■ +971 4 317 2221 ■ tägl. 19–23.30 Uhr (Fr & Sa bis 24 Uhr) ■ DDD
Lassen Sie sich in dem singapurischen Seafood-Restaurant leckere gepfefferte Krabben schmecken – Schürzen werden gestellt.

9 Eric's
Karte J3 ■ 10 B Street, Al Karama ■ +971 4 396 5080 ■ tägl. 11.30–15.30 & 18.30–24 Uhr ■ D
Die Küche Goas lockt Genießer in dieses schöne Restaurant.

10 Asha's
Karte E2 ■ Wafi City, Oud Metha Road ■ +971 4 324 4100 ■ tägl. 12.30–15.30 & 19–24 Uhr ■ DDD
Im Restaurant des Bollywood-Stars Asha Bhosle wird exzellente indische Küche serviert.

Asha's

Siehe Karte S. 64

TOP 10 Sheikh Zayed Road & Downtown Dubai

Die von Wolkenkratzern gesäumte Sheikh Zayed Road ist Symbol für den kometenhaften Aufstieg Dubais. Noch beeindruckender als diese futuristische Szenerie ist das südlich der Straße gelegene Areal, in dem gigantische Projekte verwirklicht wurden: In Downtown Dubai befinden sich die größte Shoppingmall, der größte choreografierte Brunnen und mit dem Burj Khalifa das höchste Gebäude der Welt.

Emirates Towers

1 Emirates Towers

Karte D6 ■ Sheikh Zayed Road

Zwei dreieckige Türme aus Aluminium und Glas ragen aus der Skyline der Sheikh Zayed Road heraus: die Emirates Towers. Der höhere der beiden ist ein Bürokomplex, der andere beheimatet das Luxushotel Jumeirah Emirates Towers *(siehe S. 112)* mit über 400 Zimmern und einem eindrucksvollen Atrium. Der Boulevard, eine noble Shoppingmall, verbindet die beiden Türme an ihrer Basis. Hotel und Boulevard bergen exzellente Restaurants und Bars, die Läden der Mall führen Mode von Top-Designern aus aller Welt, edlen Schmuck und Antiquitäten.

Dubai Fountain

② Dubai Fountain

Karte C6 ■ Wasserspiele: tägl. 17.45 – 23.30 Uhr alle 30 Min. ■ www.burjkhalifa.ae

Die größte choreografierte Brunnenanlage der Welt liegt zwischen dem Burj Khalifa, der Dubai Mall und dem Souk Al Bahar inmitten des künstlich angelegten Burj Lake. Die Fontänen erreichen eine Höhe von 150 Metern und werden von 6000 Lampen angestrahlt. Das eindrucksvolle Spektakel beginnt nach Sonnenuntergang: Die Wasserspiele folgen dem Takt der musikalischen Begleitung, die Fontänen erstrahlen dabei in verschiedenen Farben.

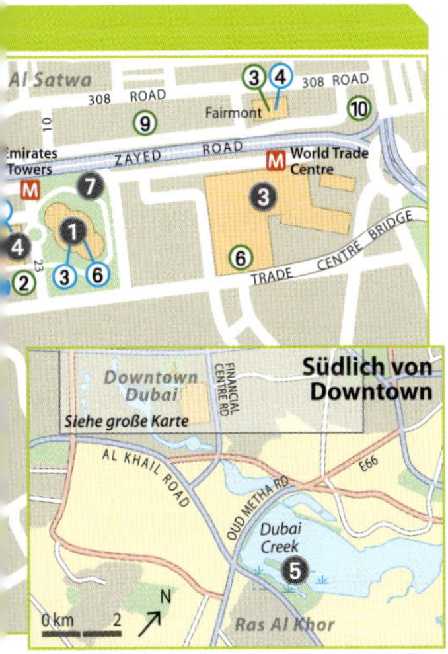

③ Dubai World Trade Centre

Karte E5 ■ Sheikh Zayed Road ■ +971 4 332 1000 ■ www.dwtc.com

Das DWTC war das höchste Gebäude der Stadt, als es 1979 von Scheich Rashid bin Saeed Al Maktoum und Queen Elizabeth II feierlich eröffnet wurde. Seine Abbildung auf dem 100-AED-Schein belegt die bedeutende Rolle, die es in der Geschichte der Stadtentwicklung spielte. Mittlerweile gehören zum Dubai World Trade Centre 14 Messehallen. Das benachbarte Dubai International Convention Centre bietet Platz für über 10 000 Menschen.

④ Dubai International Financial Centre (DIFC) & The Gate

Karte D6 ■ Sheikh Zayed Road

Hinter den Emirates Towers liegt The Gate, das imposante 15-stöckige Wahrzeichen des Dubai International Financial Centre, einer Stadt in der Stadt. Das DIFC, auch Gate Village genannt, ist ein globaler Finanzmarkt mit eigenen Handelsrechten. The Gate zeigt tatsächlich die Form eines Tors und soll gewissermaßen die Verbindung zwischen Finanzzentren wie London und New York im Westen und Hongkong und Tokyo im Osten symbolisieren.

The Gate, DIFC

Naturschutzgebiet Ras Al Khor

5 Naturschutzgebiet Ras Al Khor

Karte E2 ■ Ras Al Khor ■ +971 800 900 ■ Sa – Do 9 – 16 Uhr (große Gruppen nach Anmeldung) ■ Eintritt frei

Im Sumpfgebiet am Ende des Dubai Creek kann man Vögel wie Flamingos, Watvögel und Reiher beobachten. Das Schutzgebiet birgt dafür zwei Hochstände – »Mangrove« und »Flamingo« –, ausgestattet mit Teleskopen, Ferngläsern und Bildtafeln.

6 Souk Al Bahar

Karte C6 ■ Sheikh Mohammed bin Rashid Boulevard ■ +971 4 362 7011 ■ Mo – Do 10 – 22 Uhr, Fr & Sa 10 – 23 Uhr ■ www.soukalbahar.ae

Neben dem futuristischen Burj Khalifa lässt ein Neubau das alte Arabien wieder aufleben: Der Souk Al Bahar ist eine Shoppingmall mit gut 100 Geschäften, darunter kleine Boutiquen, Antiquitätenläden und Souvenirshops. Entlang der Promenade am Kanal reihen sich Restaurants, Cafés und Lounge-Bars. Die Atmosphäre ist entspannter als in der nahen Dubai Mall.

7 Museum der Zukunft

Karte D6 ■ Sheikh Zayed Road ■ +971 800 2071 ■ tägl. 9.30 – 21 Uhr ■ Eintritt ■ www.museumofthefuture.ae

Ein sensationeller silbriger Bau birgt das bemerkenswerte Museum, das mit modernsten Technologien Entwicklungen wie Klimawandel, KI und neue Formen sozialer Organisation beleuchtet. Es entstand auf Initiative der Dubai Future Foundation, die es sich zum Ziel gesetzt hat, die drängendsten Fragen in Sachen kollektive Zukunft der Menschheit zu erforschen.

8 Palace Downtown

Karte C6 ■ Sheikh Mohammed bin Rashid Boulevard ■ +971 4 428 7888 ■ www.theaddress.com

Allein die im arabischen Stil gestaltete Fassade und der bezaubernde, von Palmen gesäumte Pool des hinter dem Souk Al Bahar gelegenen Hotels *(siehe S. 112)* sind sehenswert. Angesichts des starken Kontrasts zum direkt hinter dem Hotel aufragenden Burj Khalifa *(siehe S. 12f)* wirkt die Anlage noch idyllischer. Das hoteleigene Restaurant Thiptara *(siehe S. 75)* bietet traumhaften Blick auf den Dubai Fountain.

Palace Downtown

9 Dubai Mall

Karte C6 ■ Financial Centre Road ■ tägl. 10–2 Uhr ■ www.thedubaimall.com

Die dem Burj Khalifa benachbarte Mall bietet neben zahllosen Läden auch Attraktionen wie das Dubai Aquarium, eine Eislaufbahn und das 250 Millionen Jahre alte Skelett eines Diplodocus. Sehenswert sind der nach dem Vorbild arabischer Souks gestaltete Bereich und die überaus schicke »Fashion Avenue«. Einige der Restaurants mit Tischen im Freien bieten Blick auf den Dubai Fountain.

Dubai Mall

10 Burj Khalifa

Das nach Scheich Khalifa bin Zayid Al Nahyan, dem 2022 verstorbenen Präsidenten der VAE, benannte Wohngebäude ist das höchste der Welt. Die beiden Aussichtsplattformen sind öffentlich zugänglich. Die unteren Etagen nimmt ein von Giorgio Armani gestaltetes Hotel ein *(siehe S. 12f)*.

Godolphin

Der berühmte Rennstall, 1994 von der Königsfamilie Al Maktoum gegründet, hat Gruppe-I-Rennen in elf Ländern gewonnen. Dubai Millennium, das Pferd, das den Dubai World Cup 2000 mit über sechs Längen gewann, wurde hier gezüchtet. Der Hengst zeugte 59 Nachkommen (www.godolphin.com).

Spaziergang

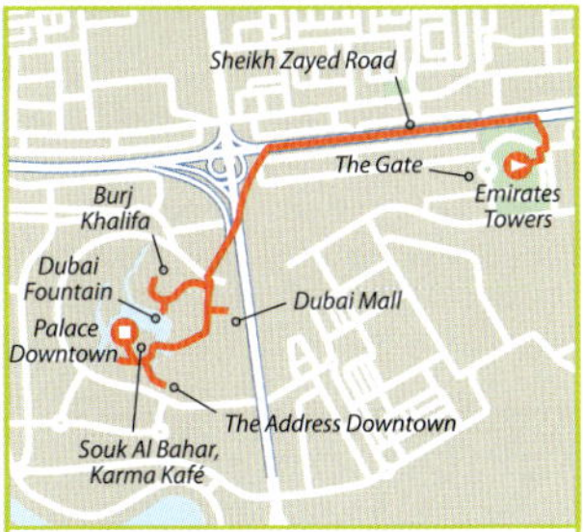

Vormittags

Beginnen Sie Ihren Tag an den **Emirates Towers** – vielleicht mit Frühstück in einem Café der dortigen Shoppingmeile Boulevard. Werfen Sie noch einen Blick auf **The Gate** am Eingang des DIFC, bevor Sie die **Sheikh Zayed Road** entlangschlendern und die vielen Wolkenkratzer bestaunen. Nach dem Spaziergang lädt die **Dubai Mall** zum Shoppingbummel ein. Wer an den noblen Läden keinen Spaß hat, kann hier das Aquarium oder die Eislaufbahn besuchen. Zahlreiche Cafés und Restaurants bieten sich fürs Mittagessen an.

Nachmittags

Im **Souk Al Bahar** locken nach dem Essen weitere Läden und arabisches Flair. Kehren Sie im Hotel **Palace Downtown** auf eine Tasse Tee ein. Wer vorab gebucht hat, macht sich dann auf den Weg zum **Burj Khalifa**, um am späten Nachmittag den atemberaubenden Blick von einem der Aussichtsdecks zu genießen.

Sobald es dämmert, suchen Sie sich an der Uferpromenade des Sees, der den Turm umgibt, einen guten Platz, um die Wasserspiele des **Dubai Fountain** zu bestaunen. Gehen Sie dann erneut zum Souk Al Bahar und essen Sie bei orientalischem Flair im **Karma Kafé** *(siehe S. 75)* zu Abend oder beschließen Sie den Tag in der eleganten Lobby-Lounge des Hotels **The Address Downtown** *(siehe S. 13)* bei Gourmetsandwiches und bestem Whisky.

Bars

1 Weslodge

Karte A6 ■ JW Marriott Marquis Hotel ■ +971 54 509 3025 ■ tägl. 17.30–2 Uhr ■ www.weslodge.ae

Die schicke Rock-'n'-Roll-Bar wird für ihre kreativen Drinks und die gute Küche geschätzt *(siehe S. 47)*.

2 Avli Bar

Karte D6 ■ Unit C-01, Gate Village Bldg. 9 ■ +971 4 359 0008 ■ tägl. 19–1 Uhr (Do–Sa bis 2 Uhr)

Die zentrale Bar ist das Glanzstück des wunderbaren griechischen Restaurants Avli by Tashas *(siehe S. 75)*.

3 Cin Cin's

Karte E5 ■ Fairmont Dubai ■ +971 4 311 8316 ■ tägl. 19–3 Uhr

In der eleganten Champagnerbar des Fairmont *(siehe S. 112)* werden edle Snacks wie frische Austern und Burger aus Kobe-Rind serviert.

4 Balcony Bar

Karte C5 ■ Shangri-La Hotel ■ +971 4 405 2703 ■ tägl. 9–3 Uhr

Hier genießt man bei guten Drinks die entspannte Atmosphäre des Shangri-La *(siehe S. 112)* und reizvollen Blick auf seine elegante Lobby.

Gericht im Vault

5 Galaxy Bar

Karte D6 ■ Unit C-01, Gate Village Bldg. 9 ■ +971 50 513 5908 ■ Di, Mi & So 20–3 Uhr, Do–Sa 21–4 Uhr ■ www.galaxy-bar.com

Die todschicke Bar im DIFC zählt seit Jahren zu den 50 besten der Welt – wohl nicht zuletzt wegen der exzellenten Cocktails *(siehe S. 46)*.

6 Blue Bar

Karte E5 ■ Novotel World Trade Centre ■ +971 4 332 0000 ■ tägl. 12–2 Uhr

Bei den Klängen der Hausband schmeckt das belgische Bier in der zwanglosen Bar noch mal so gut.

Long's Bar

7 Long's Bar

Karte D5 ■ Towers Rotana ■ +971 4 312 2202 ■ tägl. 12–3 Uhr

Eine kleine Tanzfläche und die angeblich längste Theke in den Vereinigten Arabischen Emiraten erwarten Sie in dieser netten Bar im Kolonialstil.

8 Vault

Karte A6 ■ JW Marriott Marquis Hotel ■ +971 4 414 3000 ■ tägl. 17–2 Uhr (Fr & Sa bis 3 Uhr) ■ www.jwmarriottmarquisdubailife.com

Die Bar in der 72. Etage des Marquis Hotel zählt zu den höchstgelegenen der Welt. Neben dem edlen Ambiente beeindruckt der Panoramablick durch die wandhohen Fenster *(siehe S. 46)*.

9 Fibber Magee's

Karte D5 ■ nahe Sheikh Zayed Road ■ +971 4 332 2400 ■ tägl. 8–2 Uhr

Das Irish Pub liegt etwas versteckt hinter dem Saeed Tower One. Einrichtung, Essen, Guinness und Kilkenny vom Fass und regelmäßige Livemusik sorgen dafür, dass man sich hier wie in Irland fühlt.

10 Miss Lily's

Karte E5 ■ Sheraton Grand Hotel ■ +971 4 356 2900 ■ tägl. 19–1 Uhr (Do–Sa bis 3 Uhr)

Tolle Drinks und Cocktails, leckere Gerichte nach jamaikanischer Art und buntes Dekor machen in der netten Karibikbar gute Laune.

Restaurants

1 Hoi An

Karte C5 ■ Shangri-La Hotel ■ +971 4 405 2703 ■ tägl. 19–23 Uhr, Fr & Sa auch 12–16 Uhr ■ DDD

Gäste genießen vietnamesische Gerichte und perfekten Service in elegantem Ambiente *(siehe S. 49)*.

2 At.mosphere

Karte C6 ■ Burj Khalifa ■ +971 4 888 3828 ■ tägl. 12.30–16 & 18–24 Uhr (Lounge-Bar bis 1 Uhr) ■ DDD

Das höchstgelegene Restaurant der Welt bietet atemberaubenden Ausblick, europäische Haute Cuisine und eine schöne Bar *(siehe S. 47)*.

3 Avli by Tashas

Karte D6 ■ Unit C-01, Gate Village Bldg. 9 ■ +971 4 359 0008 ■ tägl. 12–16 & 19–1 Uhr ■ DDD

Wer griechische Küche zu schätzen weiß, ist in diesem angesagten Edelrestaurant am rechten Ort.

4 Exchange Grill

Karte E5 ■ Fairmont Dubai ■ +971 4 332 5555 ■ tägl. 19–24 Uhr ■ DDD

Das großartige Steakhouse serviert köstliche Steaks vom Kobe-Rind.

5 Karma Kafé

Karte C6 ■ Souk Al Bahar ■ +971 4 423 8306 ■ tägl. 15–1 Uhr ■ DD

Die klassischen asiatischen Speisen schmecken im opulenten Gastraum oder auf der Terrasse mit Blick auf Burj Khalifa und Dubai Fountain.

Karma Kafé

Preiskategorien

Preis für ein Drei-Gänge-Menü pro Person mit einer halben Flasche Wein, inkl. Steuern und Service.

D unter 100 AED **DD** 100–400 AED
DDD über 400 AED

6 Ninive

Karte E6 ■ Boulevard, Emirates Towers ■ +971 43 266 105 ■ tägl. 18–2 Uhr (Fr & Sa bis 3 Uhr) ■ DD

Auf der Karte des großartigen arabischen Restaurants stehen köstliche *mezze*, Grillgerichte und Seafood. Es gibt auch eine Shisha-Terrasse.

7 Teatro

Karte D5 ■ Towers Rotana ■ +971 4 312 2202 ■ tägl. 18–2 Uhr ■ DD

Die Gerichte nach Rezepten aus aller Welt sorgen seit vielen Jahren für den Erfolg des Restaurants.

8 The Noodle House

Karte D6 ■ Marble Walk, The Gate, DIFC ■ +971 363 7093 ■ tägl. 11–1 Uhr ■ DD

Die Nudelgerichte sind ein preiswerter und überaus leckerer Imbiss für zwischendurch.

9 La Petite Maison

Karte D6 ■ Gate Village Bldg. 8, DIFC ■ +971 4 439 0505 ■ tägl. 12–15.30 & 18–23.30 Uhr ■ DD

Flair und Speisekarte des schicken Restaurants feiern die Côte d'Azur. Es gibt erlesene Köstlichkeiten der französisch-mediterranen Küche – und speziell der *Niçoise cuisine*.

10 Thiptara

Karte C6 ■ Palace Downtown ■ +971 4 428 7961 ■ tägl. 18–23.30 Uhr (Sa auch 12.30–15.30 Uhr) ■ DDD

Das Restaurant in einem wunderschönen Holzpavillon am Seeufer serviert thailändisches Seafood. Reservierung wird empfohlen.

Siehe Karte S. 70f

TOP 10 Jumeirah

Der Stadtteil, der sich südwestlich des Hafens erstreckt, ist Dubais elegantester. Die ruhigen Straßen säumen von Bougainvilleen umgebene luxuriöse Villen. Am südlichen Rand Jumeirahs finden sich drei der berühmtesten Wahrzeichen der Stadt: das »Sieben-Sterne-Hotel« Burj Al Arab, das gewaltige wellenförmige Jumeirah Beach Hotel und das Resort Madinat Jumeirah mit seinem zauberhaften Souk, das den traditionellen arabischen Stil reizvoll nachbildet. Die Hotels in dem Viertel sind hochpreisig, dafür liegen hier aber auch Dubais schönste Strände, die edelsten Restaurants und die schicksten Bars quasi vor der Tür. Für Wasserratten bietet der Wild Wadi Water Park zusätzlichen Reiz.

Burj Al Arab

1 Burj Al Arab

Mit seiner an ein geblähtes *Dhow*-Segel erinnernden Gestalt ist das Luxushotel wahrlich unverkennbar. Das opulente Interieur ist nur zu besichtigen, wenn man eine Tischreservierung hat, den imposanten Bau kann man recht gut vom nahen Jumeirah Beach Hotel, wo Sie ein blitzschneller gläserner Aufzug ins oberste Stockwerk bringt, bewundern *(siehe S. 24f)*.

Jumeirah-Moschee

2 Jumeirah-Moschee

Die im fatimidischen Stil erbaute Moschee zählt zu den beeindruckendsten Gotteshäusern in ganz Dubai *(siehe S. 20f)*.

3 Ski Dubai

Karte C2 ▪ Mall of the Emirates ▪ +971 4 409 4000 ▪ tägl. 10–23 Uhr (Fr bis 24 Uhr, Sa & So 9–24 Uhr) ▪ Eintritt ▪ www.skidxb.com

Direkt an der Sheikh Zayed Road ragt eine riesige futuristische Röhre empor. In ihrem Innern bedecken gut 6000 Tonnen Schnee fünf unterschiedlich anspruchsvolle Pisten – darunter die längste »schwarze« Kunstpiste der Welt –, die durch Sessel- und Schlepplifte verbunden sind. Kinder freuen sich vor allem über die Eselspinguine, die in der Anlage leben, und über den unterhaltsamen Schneepark *(siehe S. 44)*.

4 Safa Park

Karte A5

Das Riesenrad im Park bietet beste Sicht auf die gewaltige Grünanlage, die sich von der Al Wasl Road bis zur Sheikh Zayed Road erstreckt. Der Safa Park ist bei Einheimischen überaus beliebt – viele nutzen die Joggingstrecke, die ihn umgibt, andere kommen mit ihren Kindern her, die hier ungezwungen herumtoben können. Zum Freizeitangebot zählen ein Minizug, ein Karussell und ein hübscher See, den man mit Ruderbooten befahren kann.

Safa Park

Wild Wadi Water Park

5 Wild Wadi Water Park

Karte C2 ▪ Jumeirah Road ▪ +971 4 348 4444 ▪ tägl. 10–18 Uhr ▪ Eintritt ▪ www.wildwadi.com

Der riesige Wasserpark wartet mit elf Fahrgeschäften und weiteren Attraktionen auf – der »Jumeirah Sceirah«, die größte und schnellste Wasserrutsche außerhalb der USA, begeistert auch die größten Adrenalinjunkies. Rettungsschwimmer sorgen für die Sicherheit in den Becken, zahlreiche Restaurants für das leibliche Wohl der Besucher. Ein Armband dient dem bargeldlosen Zahlungssystem, so bleibt die Brieftasche trocken.

Jumeirahs Strände & Dubais Strandkultur

Sämtliche Hotels in Jumeirah haben Privatstrände am Persischen Golf, doch es gibt auch eine ganze Reihe öffentlicher Strände, die an Wochenenden meist gut besucht sind. Gegen ein kleines Eintrittsgeld kann man familienfreundliche Strandbäder besuchen – das beste der Gegend ist der Jumeirah Beach Park.

6 Majlis Ghorfat Umm Al Sheif

Karte D2 ▪ 17th Street ▪ +971 800 33222 ▪ Mo–Fr 7.30–15.30 Uhr ▪ Eintritt ▪ www.dubaiculture.gov.ae

Das 1955 errichtete Majlis Ghorfat Umm Al Sheif ist das einzige historische Gebäude, das außerhalb von Dubais Altstadt verblieben ist. Es war Sommerresidenz von Scheich Rashid bin Saeed Al Maktoum. Im Erdgeschoss lagen die Wohnräume, im ersten Stock ein *majlis* (»Ort der Zusammenkunft«). Die Dattelpalmen im Garten werden durch ein traditionelles Kanalsystem *(falaj)* mit Wasser versorgt.

7 Jumeirah Beach Park

Karte A4

Der Park mit altem Baumbestand grenzt an einen herrlichen weißen Sandstrand, an dem viele Palmen für Schatten sorgen. Seichtes Wasser, Strandwächter, Toiletten, Duschen, Grillplätze, Picknicktische und kleine Cafés ermöglichen perfektes Strandvergnügen.

Jumeirah Beach Park

8 Madinat Jumeirah

Karte C2 ■ Al Sufouh Road

Der riesige Komplex aus vier Hotels, die mit Meerwasser gespeiste Kanäle verbinden, bildet den Mittelpunkt von Jumeirah. Die Wasserwege werden von lautlosen, batteriebetriebenen *abras* befahren. Es gibt zahllose Restaurants, Bars und Cafés – viele davon mit Meerblick. Das Seafood-Restaurant Pierchic *(siehe S. 81)* liegt z. B. auf einem Pier im Persischen Golf. Der wunderbare Souk Madinat Jumeirah ist als Nachbildung eines arabischen Basars sehr gelungen.

Madinat Jumeirah

9 Mall of the Emirates

Karte C2 ■ Sheikh Zayed Road Interchange 4 ■ +971 800 663 6255 ■ tägl. 10–23 Uhr (Fr & Sa bis 24 Uhr) ■ www.malloftheemirates.com

In Dubais schickster Shoppingmall bieten über 500 Läden ein umfangreiches Sortiment. Harvey Nichols und Debenhams betreiben riesige Filialen. Die Mall bietet außerdem ein Multiplex-Kino, die Kinderspielzone Magic Planet sowie Dutzende Cafés und Restaurants.

10 Kunstgalerien in Al Quoz

Karte C2 ■ www.alserkal.online

Das Industriegebiet Al Quoz ist nun der Kunst gewidmet und hat durch den Zuzug moderner Galerien großen Reiz entwickelt. In den Kunstzentren an Alserkal Avenue und Al Khayat Avenue haben sich viele einheimische Galerien angesiedelt, darunter die Efie Gallery und die Green Art Gallery *(siehe S. 38f)*.

Spaziergang

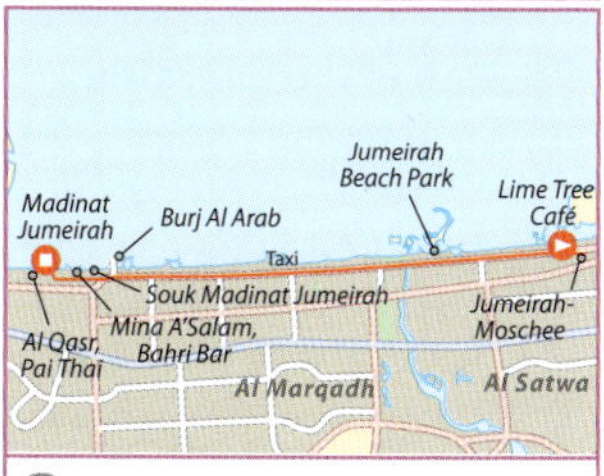

Vormittags

Beginnen Sie den Tag mit einem gemütlichen Frühstück auf der Terrasse des **Lime Tree Café** *(siehe S. 81)*, wo Sie bei Kaffee oder frischem Saft die Morgensonne genießen, bevor Sie um 10 Uhr an einer informativen Führung durch die **Jumeirah-Moschee** teilnehmen. Nach der Besichtigung des eindrucksvollen Bauwerks nehmen Sie ein Taxi zum **Jumeirah Beach Park**, um dort auf einer Liege unter Palmen zu entspannen oder ein wenig im Meer zu schwimmen.

Machen Sie sich gegen Mittag auf den Weg zum Resort **Madinat Jumeirah** und essen Sie in einem der Restaurants am Wasser.

Nachmittags

Frisch gestärkt stöbern Sie in den Läden des Resorts nach Souvenirs und besuchen auch den **Souk Madinat Jumeirah** *(siehe S. 80)*, die zauberhafte Nachbildung eines arabischen Basars.

Gegen Abend lädt dann die **Bahri Bar** *(siehe S. 81)* im Hotel **Mina A'Salam** zu einem Cocktail ein. An den Tischen im Freien genießt man schönen Blick aufs **Burj Al Arab** und den Sonnenuntergang über dem Persischen Golf. Fürs Abendessen bieten sich hier viele Lokale an, besonders zu empfehlen ist das **Pai Thai** (+971 800 323 232; tägl. 18.30–23.30 Uhr) im Hotel **Al Qasr**. Um dort bei herrlichem Blick auf die Kanäle von **Madinat Jumeirah** und das nahe Burj Al Arab tolle thailändische Küche zu genießen, sollten Sie vorher reservieren.

Siehe Karte S. 76f

Shopping

1 Mall of the Emirates
Die Shoppingmall zählt zu den größten in der Region *(siehe S. 79)*.

2 Camel Company
Karte C2 ▪ Souk Madinat Jumeirah ▪ +971 4 368 6048 ▪ tägl. 10–23 Uhr
Die Plüschkamele und anderen Souvenirs rund um das Wüstentier machen vor allem Kindern Spaß.

3 Times Square Center
Karte C2 ▪ Sheikh Zayed Road ▪ +971 4 341 8020 ▪ tägl. 10–22 Uhr (Fr & Sa bis 24 Uhr)
Die kleine Mall birgt viele gute Elektronikläden und eine Ice Lounge, in der alles – von den Tischen bis zu den Gläsern – aus Eis besteht.

4 The Village
Karte D4 ▪ Jumeirah Road ▪ +971 4 344 9514 ▪ Sa–Do 10–22 Uhr, Fr 14–22 Uhr
In der hübschen Shoppingmall mit Torbogen, Pflanzen und Brunnen gibt es eine ansprechende Auswahl an Boutiquen, in denen man u. a. schöne Geschenkartikel findet.

5 Souk Madinat Jumeirah
Karte C2 ▪ Al Sufouh Road ▪ tägl. 10–23 Uhr
Die gelungene Nachbildung eines arabischen Basars bietet Schmuck, Antiquitäten, Kunst und Kunsthandwerk sowie zahlreiche Lokale.

6 Pride of Kashmir
Karte C2 ▪ Souk Madinat Jumeirah ▪ +971 4 368 6110 ▪ tägl. 10–23 Uhr
Die Teppiche – antik oder modern – stammen aus dem Iran, aus Kaschmir und aus der Türkei.

7 Boxpark
Karte D2 ▪ Al Wasl Road ▪ +971 800 637 227 ▪ tägl. 10–22 Uhr (Do–Sa bis 24 Uhr)
Die pfiffige Anlage mit originellen Läden in würfelförmigen Gebäuden und Schiffscontainern spricht vor allem junge Leute an.

8 Gallery One
Karte C2 ▪ Souk Madinat Jumeirah ▪ +971 4 368 6055 ▪ tägl. 10–23 Uhr
Hier sind schöne Kunstwerke mit arabischen und asiatischen Themen zu durchaus erschwinglichen Preisen zu haben.

9 Mercato
Karte C4 ▪ Jumeirah Beach Road ▪ +971 4 344 4161 ▪ tägl. 10–22 Uhr
Neben rund 90 Läden, Restaurants und Cafés bietet die italienisch angehauchte Mall auch einen netten Spielbereich für Kinder.

10 Jumeirah Plaza
Karte D4 ▪ Jumeirah Road ▪ +971 4 349 0766 ▪ Sa–Do 10–22 Uhr, Fr 13.30–22 Uhr
Einheimische lieben diese Mall, die auch über ein hübsches Café mit Terrasse verfügt.

Souk Madinat Jumeirah

Restaurants & Bars

Preiskategorien
Preis für ein Drei-Gänge-Menü pro Person mit einer halben Flasche Wein, inkl. Steuern und Service.

D unter 100 AED **DD** 100–400 AED
DDD über 400 AED

1 COYA

Karte C4 ■ Four Seasons Resort ■ +971 4 316 9600 ■ tägl. 12.30–16 & 19–24 Uhr (Mi–Fr bis 0.30 Uhr) ■ DD
Exquisite peruanische Gerichte mit asiatischem oder spanischem Touch locken in diesem Lokal *(siehe S. 48)*.

2 Zheng He's

Karte C1 ■ Hotel Mina A'Salam, Madinat Jumeirah ■ +971 800 323 232 ■ tägl. 12–15 & 18.30–23.30 Uhr ■ DDD
Das Restaurant am Hafen serviert Seafood und chinesische Gerichte.

3 Trattoria

Karte C2 ■ Souk Madinat Jumeirah ■ +971 800 323 232 ■ tägl. 12–23.30 Uhr ■ DD
Wie in Venedig sitzt man hier am Kanal, um die gute italienische Küche zu genießen.

4 Pierchic

Karte C2 ■ Hotel Al Qasr, Madinat Jumeirah ■ +971 800 323 232 ■ tägl. 12–15 & 18.30–23 Uhr ■ DDD
Die auf Pfählen im Persischen Golf ruhende Holzterrasse bietet ein besonders reizvolles Ambiente.

5 Lime Tree Café

Karte D4 ■ Jumeirah Beach Road ■ +971 4 325 6325 ■ tägl. 7.30–20 Uhr ■ kein Alkohol ■ D
Das Café mit schattiger Terrasse serviert mittags kleine Mahlzeiten.

6 Maria Bonita Taco Shop

Karte C2 ■ Umm Al Sheif Street ■ +971 4 395 5576 ■ tägl. 12–24 Uhr ■ kein Alkohol ■ D
Die mexikanischen Tacos, Tortillas und Salsas sind günstig und lecker.

7 Bahri Bar

Karte C2 ■ Hotel Mina A'Salam, Madinat Jumeirah ■ +971 800 323 232 ■ tägl. 16–2 Uhr (Do & Fr bis 3 Uhr)
Die große Terrasse mit Blick aufs Burj Al Arab ist ein großartiger Ort für den Sundowner *(siehe S. 47)*.

Bahri Bar

8 The Beach by Sho Cho

Karte E4 ■ Dubai Marine Beach Resort ■ +971 50 798 1869 ■ tägl. 10–1 Uhr (Fr & Sa bis 3 Uhr) ■ DD
Die Terrasse der schicken japanischen Bar bietet wunderbaren Blick auf den Persischen Golf.

9 Nusr-Et Steakhouse

Karte C4 ■ Four Seasons Resort ■ +971 4 407 4100 ■ tägl. 12–24 Uhr ■ DD
Küchenchef Nusret Gökçe wurde als »Salt Bae« im Internet bekannt. Sein Restaurant – eines von zehn weltweit – feiert die Tradition türkischer Steakhäuser *(siehe S. 48)*.

10 Hoseki

Karte D2 ■ Bulgari Resort, Jumeirah Bay Island ■ +971 4 777 5433 ■ Mi–So 18–23 Uhr (Do–So auch 13–15 Uhr) ■ DDD
In diesem Sternerestaurant zaubert Küchenchef Masahiro Sugiyama für jeden Gast das perfekte japanische Gericht *(siehe S. 49)*.

Siehe Karte S. 76f

TOP 10 Dubai Marina & Palm Jumeirah

Der Südwesten zeugt von der rasanten Entwicklung des modernen Dubai. Der Stadtteil Dubai Marina entstand innerhalb nur eines Jahrzehnts rund um den neuen Yachthafen – mit riesigen Resorts und Wolkenkratzern, so weit das Auge reicht. Vor der Küste liegt Palm Jumeirah, die größte künstliche Insel der Welt, mit dem Resort Atlantis, The Palm.

Dubai Marina

Ain Dubai, Bluewaters Island

1 Bluewaters Island

Karte B1

Am Ende des Wohnviertels Jumeirah Beach Residence gelangt man über eine hübsche Fußgängerbrücke auf diese künstlich angelegte Insel mit großem Freizeitangebot. Neben schicken Hotels, lässigen Strandclubs, angesagten Restaurants und reizvollen Läden beheimatet die Insel mit dem Ain Dubai auch das größte Riesenrad der Welt: Die Kabinen verfügen über LCD-Bildschirme, wo auf besondere Bauwerke in der Stadtsilhouette hingewiesen wird, die Aussicht ist einfach spektakulär.

2 AquaFun

Karte B1 ▪ Jumeirah Beach Residence ▪ tägl. 9 Uhr – Sonnenuntergang ▪ www.aquafun.ae

Ebenfalls an der Küste vor Jumeirah Beach Residence findet sich ein weiterer Superlativ: der weltgrößte aufblasbare Wasserpark – ein schwimmender Hindernisparcours aus nassen und entsprechend glitschigen Flößen, Rutschen und Röhren. Die Herausforderung besteht darin, nicht ins Wasser zu fallen. Das ist viel schwieriger, als es aussieht, und sorgt in der Regel für jede Menge Spaß bei Groß und Klein.

3 Bootsfahrten

Den besten Blick auf das eindrucksvolle Viertel Dubai Marina und seine Wolkenkratzer genießt man vom Wasser aus. Fahrten mit den im Yachthafen verkehrenden Wassertaxis sind die preiswerteste Möglichkeit zur Erkundung des Areals, hier werden aber auch reizvolle Dinnerfahrten auf traditionellen *dhows* angeboten. Die Dubai Ferry *(siehe S. 105)* verkehrt zwischen Bur Dubai und Dubai Marina. Alternativ empfehlen sich Touren mit Yellow Boats *(siehe S. 55)*.

4 Yachthafen

Karte B2

Der moderne Yachthafen ist das Herzstück des Stadtviertels Dubai Marina. Vor der imposanten Kulisse aus Wolkenkratzern liegen jede Menge luxuriöse Yachten vor Anker. Besonders eindrucksvoll zeigt sich die Szenerie am Abend, wenn alles beleuchtet ist. Die künstlich angelegte Bucht erstreckt sich über eine Länge von beinahe drei Kilometern parallel zur Küste des Persischen Golfs. Bedauerlicherweise verirren sich gelegentlich Haie und sogar Wale in das Hafenbecken.

Aufblasbarer Hindernisparcours im Wasserpark AquaFun

Atlantis, The Palm

5 Atlantis, The Palm

Karte B1 ■ Palm Jumeirah ■ +971 4 426 2000 ■ www.atlantis.com/dubai

Das riesige Resort *(siehe S. 113)* am Ende von Palm Jumeirah zählt zu Dubais markantesten Wahrzeichen. Den Mittelpunkt des Baus bildet ein gewaltiger arabischer Torbogen, das Innere zieren goldene Säulen und viel Marmor. Die Anlage birgt unterhaltsame Attraktionen wie Aquaventure und einen langen Strand, der öffentlich zugänglich ist *(siehe S. 41)*.

6 Aquaventure

Karte B1 ■ Atlantis, The Palm ■ +971 4 426 2000 ■ Wasserpark: tägl. 8.45–17.30 Uhr; Aquarium: tägl. 10–21 Uhr ■ Eintritt ■ www.aquaventureworld.com

Highlight des großen Wasserparks *(siehe S. 44)* ist die Rutsche »Leap of Faith«: Die fast senkrechte Fahrt endet in einer durchsichtigen Röhre, die durch ein von Haien bevölkertes Becken führt. The Lost Chambers Aquarium bietet Besuchern die Gelegenheit, bunte tropische Fische, Haie, Piranhas und Seepferdchen zu bewundern. Im Atlas Village kann man u. a. mit Delphinen schwimmen.

7 Marina Walk

Karte B2

An beiden Seiten des Hafenbeckens lädt eine von zahlreichen Cafés und Restaurants gesäumte Uferpromenade zum Spazierengehen ein. Auch die schicke Dubai Marina Mall ist hier zu finden. Am nördlichen Ende des Yachthafens steht der 73 Stockwerke hohe Cayan Tower, der mit seiner um 90 Grad gedrehten Gestalt ins Auge fällt. Jenseits der Al Sufouh Road liegt das neue Hafengelände Dubai Harbour mit zwei großen Kreuzfahrtterminals und einer Marina für Riesenyachten.

Marina Walk

8 The Walk

Karte B2 ■ Jumeirah Beach Residence

Den Boulevard vor dem 36 Wolkenkratzer umfassenden Wohnkomplex Jumeirah Beach Residence – kurz JBR – säumen zahlreiche Läden, Restaurants und Cafés – ideal für einen entspannten Bummel. Auch der Komplex selbst, eines der attraktivsten Neubaugebiete der Stadt, birgt einige Läden und Restaurants, die sich um hübsch angelegte Plätze mit Brunnen gruppieren.

Palm Monorail

9 Palm Monorail

Karte B1–B2 ■ tägl. 9–22 Uhr ■ Gebühr ■ www.palm-monorail.com

Die Züge der Einschienenschnellbahn verkehren in der Regel alle 15 Minuten. Die erhöhte Strecke beginnt am Fuß von »The Palm« und reicht bis zu ihrer Spitze – das erlaubt guten Überblick über die ganze Insel. Auch der Ausblick auf die Wolkenkratzer von Dubai Marina ist überaus eindrucksvoll.

10 Marina Beach

Karte B2

Der weiße Sandstrand am Yachthafen zählt zu den schönsten der Stadt. Er ist kostenlos zugänglich und zieht am Wochenende viele Besucher an, an anderen Tagen findet man ausreichend Platz zum Entspannen. Duschen und Umkleiden sind vorhanden, auch Sonnenliegen werden vermietet. Zudem gibt es ein vielfältiges Angebot für Wassersportfans: Man kann segeln, Wasserski oder Kajak fahren oder eine vergnügliche Fahrt in einem Bananenboot unternehmen.

Spaziergang

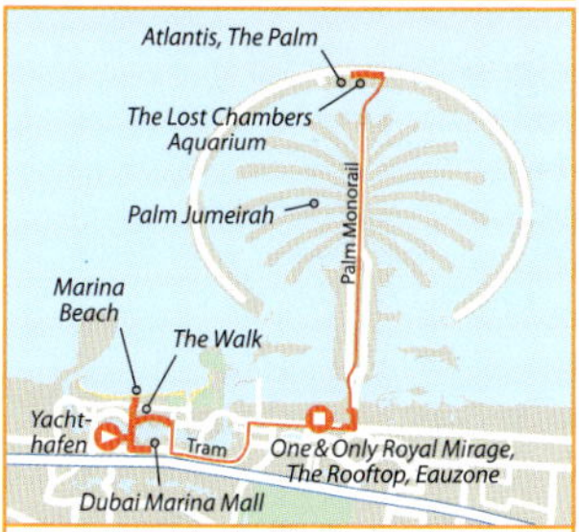

Vormittags

Der Tag beginnt mit einem gemütlichen Spaziergang auf der Promenade am **Yachthafen**. Stöbern Sie durch die Läden der **Dubai Marina Mall** oder unternehmen Sie eine Bootsfahrt im Hafenbecken. Am **Marina Beach** können Sie dann ein wenig in der Sonne liegen oder Wassersport treiben. Fürs Mittagessen bietet **The Walk** im Viertel Jumeirah Beach Residence eine Reihe von Cafés und Restaurants an.

Nachmittags

Mit der Tram geht es dann zur Station der Palm Monorail. Auf der Fahrt mit der Schnellbahn über **Palm Jumeirah** hat man großartigen Ausblick. Am Resort **Atlantis, The Palm** angekommen werfen Sie erst einen Blick ins opulente Hauptgebäude, bevor Sie den Meerestieren in **The Lost Chambers Aquarium** von Aquaventure einen Besuch abstatten.

Nach der Rückfahrt mit der Palm Monorail führt ein kleiner Spaziergang zum Resort **One & Only Royal Mirage** *(siehe S. 113)*, wo man ein paar schöne Stunden verbringen kann. Die Gebäude im maurischen Stil umgibt ein herrlicher Park mit zahllosen Palmen. Vielleicht suchen Sie die Dachbar **The Rooftop** *(siehe S. 86)* auf, um bei einem entspannten Drink das marokkanische Ambiente zu genießen. Ein wunderbarer Ort fürs Abendessen ist das romantische Restaurant **Eauzone** *(siehe S. 87)*, es erfordert aber Reservierung.

Siehe Karte S. 82

Cafés & Bars

1 Mr. Miyagi's

Karte B2 ■ Media One, Dubai Media City ■ +971 4 420 7489 ■ tägl. 12–3 Uhr ■ www.mrmiyagis.xyz

Nicht nur Karate-Kid-Fans lieben das bunte Lokal für die tollen Drinks und die leckeren Snacks *(siehe S. 46)*.

2 Siddharta Lounge by Buddha-Bar

Karte B2 ■ Grosvenor House, Marina ■ +971 4 317 6556 ■ tägl. 18–1 Uhr (Fr & Sa bis 2 Uhr) ■ DD

Die einladende Lounge umfasst ein schönes Boho-Restaurant und eine lässige Terrassenbar.

3 Bar 44

Karte B2 ■ Grosvenor House, Marina ■ +971 4 317 6000 ■ tägl. 18–1 Uhr ■ www.bar44-dubai.com

Die Dachbar mit großer Terrasse und gemütlichen Sofas serviert 44 Champagnersorten *(siehe S. 46)*.

4 The Rooftop

Karte B2 ■ One&Only Royal Mirage, Al Sufouh ■ +971 4 399 9999 ■ tägl. 17–1 Uhr ■ www.oneandonly resorts.com

In der Bar auf dem Dach des Arabian Court genießt man arabisches Flair und Meerblick zum Drink unterm Sternenzelt *(siehe S. 46)*.

The Rooftop

5 Attiko

Karte B2 ■ W Dubai Mina Seyahi, Al Sufouh ■ +971 4 350 9983 ■ tägl. 17–2 Uhr ■ DDD

Die von weltoffenen asiatischen Clubs inspirierte Bar befindet sich im 31. Stock und bietet atemberaubenden Blick über Dubais Hafen und Palm Jumeirah.

6 Caña by Tamoka

Karte B2 ■ The Ritz-Carlton, JBR Walk ■ +971 4 318 6724 ■ tägl. 12–22 Uhr ■ DD

Direkt vor dem Restaurant Tamoka serviert diese winzige Strandbar großartige Cocktails.

7 Zero Gravity

Karte B1 ■ Al Sufouh, gegenüber Dubai Harbour ■ +971 4 399 0009 ■ Do–Di 10–21 Uhr ■ D

Das beliebte Bar-Restaurant am Strand ist ein wunderbarer Ort für den Sundowner.

8 Cloud 22

Karte B1 ■ Atlantis, The Royal, Palm Jumeirah ■ +971 4 426 3000 ■ tägl. 10–19 Uhr ■ Eintritt ■ DDD

Gäste des Hotels genießen freien Zutritt zu der luxuriösen Sonnenterrasse des Clubs, alle anderen müssen Eintritt zahlen.

9 Nola

Karte B2 ■ Armada BlueBay, Cluster P, Jumeirah Lake Towers ■ +971 4 399 8155 ■ tägl. 12–3 Uhr ■ www.nola-social.com

Um in dieser Hotelbar New-Orleans-Flair und tolle Drinks zu genießen, sollten Sie unbedingt rechtzeitig reservieren *(siehe S. 47)*.

10 Barasti

Karte B2 ■ Le Méridien Mina Seyahi Beach Resort & Waterpark ■ +971 4 511 7373 ■ tägl. 9–3 Uhr

Die Strandbar ist wochenends, wenn es Dubais Nachtschwärmer ans Meer lockt, gut besucht. Fast jeden Abend ist hier Livemusik geboten.

Restaurants

Preiskategorien
Preis für ein Drei-Gänge-Menü pro Person mit einer halben Flasche Wein, inkl. Steuern und Service.

D unter 100 AED **DD** 100–400 AED
DDD über 400 AED

1 Pitfire Pizza

Karte B2 ■ Cluster D, Jumeirah Lake Towers ■ +971 800 748 3473 ■ tägl. 11–23 Uhr ■ DD

Dubais wohl beste Pizzeria bietet sowohl Traditionelles als auch ausgefallenere Kreationen *(siehe S. 48)*.

Tagine

2 Tagine

Karte B2 ■ One & Only Royal Mirage, Al Sufouh ■ +971 4 399 9999 ■ Di–So 19–23.30 Uhr ■ DD

In einem wunderschönen Innenhof genießt man bei Kerzenlicht marokkanische Speisen.

3 Maya

Karte B2 ■ Le Royal Méridien Beach Resort & Spa ■ +971 4 316 5550 ■ tägl. 19–24 Uhr (Do & Fr bis 1 Uhr), Fr auch 12.30–16 Uhr ■ DDD

Die Räume sind mit Kunst der Maya und modernen Skulpturen dekoriert, die mexikanischen Gerichte zeigen eine innovative Note.

4 Amala

Karte B1 ■ Jumeirah Zabeel Saray, Palm Jumeirah ■ +971 4 453 0444 ■ tägl. 13–16 & 18–23.30 Uhr ■ DD

Das opulent gestaltete Restaurant bietet gute nordindische Küche.

5 BiCE

Karte B2 ■ Hilton Dubai Jumeirah ■ +971 4 399 1111 ■ tägl. 12.30–15 & 19–23.30 Uhr ■ DD

Zu Seafood und Fleisch serviert das italienische Restaurant guten Wein.

6 Eauzone

Karte B2 ■ One & Only Royal Mirage, Al Sufouh ■ +971 4 399 9999 ■ tägl. 12–15.30 & 19–23.30 Uhr ■ DDD

In um einen beleuchteten Pool gruppierten Zelten genießt man romantische Atmosphäre und panasiatische Speisen *(siehe S. 48)*.

7 Trèsind

Karte B2 ■ One & Only Royal Mirage, Al Sufouh ■ +971 56 420 9754 ■ tägl. 12.30–15.30 & 18.30–23 Uhr ■ DDD

Die Karte mit raffinierten indischen Gerichten ist Herzensangelegenheit von Himanshu Saini, einem der renommiertesten Köche Dubais.

8 Indego by Vineet

Karte B2 ■ Grosvenor House, Marina ■ +971 4 317 6000 ■ tägl. 19–24 Uhr ■ DDD

Vineet Bhatia, der erste Sternekoch indischer Abstammung, kreiert hier moderne Variationen traditioneller Gerichte *(siehe S. 49)*.

9 City Social

Karte B2 ■ Grosvenor House, Marina ■ +971 4 402 2222 ■ tägl. 18–2 Uhr (So auch 12.30–16.30 Uhr) ■ DD

Das jüngste von Sternekoch Jason Atherton in Dubai eröffnete Restaurant serviert gehobene britische Hausmannskost.

10 Rhodes Twenty10

Karte B2 ■ Le Royal Méridien Beach Resort & Spa ■ +971 4 316 5550 ■ tägl. 19–24 Uhr ■ DDD

Das edle Restaurant bietet neben erstklassigen Steaks auch britische Klassiker sowie Gerichte mit nahöstlichem Touch *(siehe S. 49)*.

Siehe Karte S. 82

TOP 10 Zentrum von Abu Dhabi

Abu Dhabi, Hauptstadt der Vereinigten Arabischen Emirate, stand lange Zeit im Schatten des mondänen Dubai. Noch immer prägt Abu Dhabi ein eher traditionelleres Flair, doch inzwischen kann die durch Erdöl reich gewordene Stadt auch mit spektakulären modernen Bauwerken aufwarten – vom majestätischen Luxushotel Emirates Palace über die von futuristischer Architektur geprägte Insel Al Maryah bis zu den imposanten Etihad Towers. Das Zentrum birgt nicht nur die eindrucksvollsten Bauten der Stadt, es bietet auch unzählige Shoppingmöglichkeiten, hervorragende Restaurants und lebhafte Bars. Prächtiges Schaustück der Innenstadt ist die wunderbare Corniche.

Corniche

1 Corniche

Karte N2–T1

Der Prachtboulevard erstreckt sich fast fünf Kilometer an der Küste entlang. Im Hintergrund ragen Wolkenkratzer auf. In den Parks, die die lange Straße säumen, gehen Einheimische gern spazieren oder joggen. Es empfiehlt sich, hier ein Fahrrad zu mieten: Den Boulevard entlangzuradeln, ist ein wunderschönes Erlebnis. An der Corniche liegt auch ein einladender öffentlicher Strand.

Vorhergehende Doppelseite Blick vom Burj Khalifa auf Downtown Dubai

Blick auf Al Maryah

② Marina Mall

Karte P1 ■ The Breakwater ■ +971 800 6623 ■ tägl. 10–22 Uhr (Fr & Sa bis 24 Uhr) ■ www.marinamall.ae

Die Mall liegt zwar ein wenig abseits, zählt aber zu den größten und beliebtesten Shoppingzentren der Stadt. Die Läden gruppieren sich um mehrere großflächige Atrien mit zeltförmigen Dächern. Glanzstück der weitläufigen Anlage ist allerdings der Marina Sky Tower, der hinter der Mall aufragt. In dem Wolkenkratzer bieten ein Drehrestaurant auf der 42. Etage und das Café Colombiano ein Stockwerk darunter atemberaubenden Blick auf Abu Dhabi *(siehe S. 50)*.

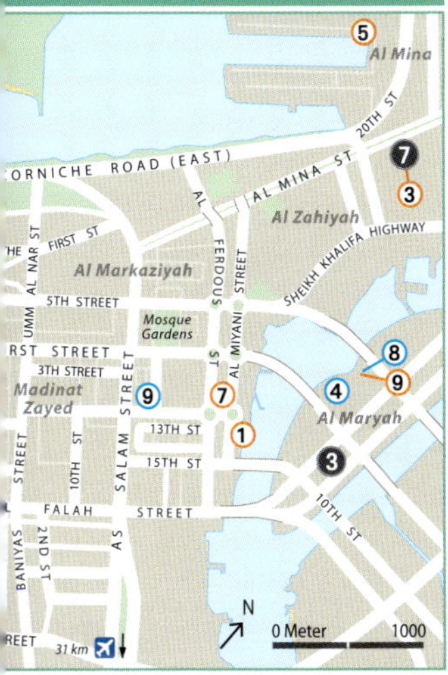

③ Al Maryah

Karte T3 ■ www.almaryahisland.ae

Auf der Insel nordöstlich vom Zentrum findet sich das neue Finanz- und Geschäftszentrum – Abu Dhabis bislang ehrgeizigstes Projekt. Hier warten der Abu Dhabi Global Market Square mit der Mall The Galleria *(siehe S. 94)*, zwei Hotels und ein riesiges IMAX-Kino.

④ World Trade Center Abu Dhabi

Karte R2 ■ Sheikh Hamdan bin Mohammed Street ■ www.wtcad.ae

Der von Burj Mohammed bin Rashid und Trust Tower dominierte Komplex birgt neben Büros und Wohnungen auch eine Mall, Hauptattraktion ist aber der WTC Souk *(siehe S. 94)* – eine Art postmoderne Reinkarnation eines traditionellen Basars.

World Trade Center Abu Dhabi

5 Al Ittihad Square

Karte R1

Der kleine Park im Zentrum des Platzes birgt fünf riesige Skulpturen, die in augenzwinkerndem Kontrast zu den umliegenden Wolkenkratzern stehen: eine überdimensionierte Kaffeekanne, ein Tellerwärmer, ein gigantischer Parfumflakon, eine Kanone und eine kleine Burg.

Töpfer im Heritage Village Abu Dhabi

6 Heritage Village Abu Dhabi

Karte P1 ■ The Breakwater ■ +971 2 681 4455 ■ Sa–Do 9–16 Uhr, Fr 15.30–21 Uhr

Die Rekonstruktion eines traditionellen Oasendorfs samt Moschee und Souk vermittelt einen Eindruck von der Lebensweise, die Abu Dhabi einst prägte. Der Komplex gegenüber der Corniche und ihrer Wolkenkratzerkulisse umfasst eine Reihe von Barasti-Häusern, die in Werkstätten umgewandelt wurden. Hier hat man Gelegenheit, den Handwerkern bei ihrer Arbeit zuzusehen.

Entdeckung von Öl

Als der Perlenhandel am Golf wegen der neuen japanischen Zuchtperle zusammengebrochen war, gewährte Scheich Shakhbut bin Sultan Al Nahyan 1939 Petroleumkonzessionen – ein weiser Schritt, wie sich später zeigte. Die Entdeckung von Öl im Jahr 1958 und dessen Export ab 1962 bescherten Abu Dhabi unermesslichen Reichtum.

7 Al-Mina-Souks

Karte T1 ■ tägl. 5–23 Uhr

Auf der von regem Schiffsverkehr und hohen Ladekränen geprägten Hafenanlage Al Mina finden sich drei kleine Märkte: Der Teppich-Souk *(siehe S. 94)* besteht aus mehreren einfachen Läden, die einen kleinen Platz umgeben, der Lebensmittelmarkt ist eine wichtige Versorgungsquelle in Sachen Obst und Gemüse und auf dem Fisch-Souk wird der Fang des Tages angeboten.

8 Emirates Palace

Abu Dhabis herrliches rosafarbenes Palasthotel – erbaut, um prominenten oder gar königlichen Häuptern angemessene Unterkunft zu bieten – dominiert das westliche Ende der prachtvollen Corniche. Die von einer majestätischen Kuppel gekrönte Fassade wird an Extravaganz vom Interieur noch übertroffen: Die opulenten Räume sind übersät von funkelndem Gold und glitzernden Swarovski-Kristallen *(siehe S. 30f)*.

Emirates Palace

9 Etihad Towers

Karte N2 ■ Observation Deck at 300: +971 2 811 5666; tägl. 11–20 Uhr; Eintritt ■ www.etihadtowers.ae

Fünf metallisch glänzende Wolkenkratzer mit sanft geschwungenen Fassaden bilden den Komplex am südwestlichen Ende der Corniche. In der 74. Etage von Tower Two liegt die höchste Aussichtsplattform Abu Dhabis: Das vom Conrad-Hotel *(siehe S. 114)* bewirtete Observation Deck at 300 bietet herrlichen Blick auf die Stadt (bei einem Verzehr wird ein Teil des Eintritts verrechnet).

Etihad Towers

10 Qasr Al Hosn

Karte R2 ■ Sheikh Rashid bin Saeed Al Maktoum Street ■ +971 2 697 6400 ■ Sa–Do 9–23.30 Uhr, Fr 16–23 Uhr ■ Eintritt ■ www.qasralhosn.ae

Mitten in der Stadt stößt man auf das älteste Bauwerk Abu Dhabis: Die in den 1790er Jahren erbaute Festung diente zwei Jahrhunderte lang der Herrscherfamilie Al Nahyan als Wohnsitz. Die von runden Wehrtürmen durchsetzte weiße Mauer kam erst in den 1940er Jahren dazu. Highlight ist das House of Artisans, wo in interessanten Workshops das hiesige Kunsthandwerk beleuchtet und Traditionen vom Korbflechten bis zur Stickerei vermittelt werden.

Spaziergang

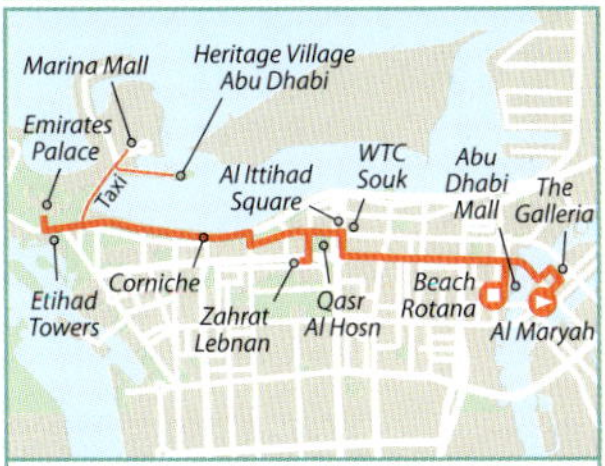

Vormittags

Der Bummel durch das Zentrum Abu Dhabis beginnt auf der Insel **Al Maryah**, wo Sie die Wolkenkratzer am Abu Dhabi Global Market Square bewundern und in den Boutiquen der Shoppingmall **The Galleria** *(siehe S. 94)* stöbern können. Am Ufer entlang geht es anschließend zu der Brücke, die in die Innenstadt führt. Spazieren Sie zunächst zur **Abu Dhabi Mall** *(siehe S. 94)* und folgen Sie dann der Al Nasr Street, die zahlreiche Läden säumen, zum World Trade Center Abu Dhabi, wo der reizvolle **WTC Souk** *(siehe S. 94)* eine Erkundung lohnt. Besichtigen Sie die Statuen am **Al Ittihad Square** und schauen Sie bei der Festung **Qasr Al Hosn** vorbei, bevor Sie im Restaurant **Zahrat Lebnan** *(siehe S. 95)* zu Mittag essen.

Nachmittags

Nach dem Essen spazieren Sie an den Al Markaziyah Gardens vorbei zur **Corniche**. Bummeln Sie ein wenig am Wasser entlang, dann geht es – evtl. mit dem Taxi – an den **Etihad Towers** vorbei zum Luxushotel **Emirates Palace**, wo Sie für den Nachmittagstee reserviert haben. Ein Taxi bringt Sie anschließend zum **Heritage Village Abu Dhabi** und zur **Marina Mall** mit dem Sky Tower, der fantastischen Ausblick bietet.

Mit dem Taxi geht es zurück ins Stadtzentrum und zum Hotel **Beach Rotana** *(siehe S. 116)*, um im schicken Restaurant Finz bei tollem Seafood den Blick auf Al Maryah zu genießen. Beschließen Sie den Tag mit deutschem Bier im Hotelrestaurant Brauhaus.

Shopping

1 Abu Dhabi Mall

Karte T2 ■ Al Zahiyah ■ +971 2 645 4858 ■ tägl. 10–22 Uhr (Fr & Sa bis 23 Uhr) ■ www.abudhabi-mall.com

Das große, kurz »AD Mall« genannte Shoppingcenter bietet alle Labels, die man hier erwartet *(siehe S. 51)*.

Marina Mall

2 Marina Mall

Diese Mall birgt neben schicken Läden auch Kinos und eine Eislaufbahn *(siehe S. 91)*.

3 Teppich-Souk

Karte T1 ■ Al Mina

Teppiche und Kissen so weit das Auge reicht – hier steht das Erlebnis, nicht die Qualität im Vordergrund.

4 Al Wahda Mall

Karte R3 ■ Hazza bin Zayed Street ■ +971 2 443 7070 ■ tägl. 10–22 Uhr (Do bis 23 Uhr, Fr & Sa bis 24 Uhr)

Mit über 250 Läden und einem Kino ist diese Shoppingmall die größte in ganz Abu Dhabi.

5 Iranischer Souk

Karte T1 ■ Al Mina

Neben Pflanzen und Plastikwaren ist auf diesem Markt schönes Kunsthandwerk aus dem Iran zu haben.

6 Fotouh Al Khair Mall

Karte R2 ■ Sheikh Rashid bin Saeed Al Maktoum Street ■ +971 2 622 2241 ■ tägl. 10–22 Uhr

Abu Dhabis Expats schätzen die Mall wegen der Filialen britischer Läden.

7 Khalifa Centre

Karte T2 ■ Al Miyani Street, Al Zahiyah ■ +971 2 667 9900 ■ tägl. 10–13 & 16–22 Uhr

Perserteppiche, Kelims, Gebetsrollenhalter und Shishas gehören zum Angebot des kleinen Centers.

8 Hamdan Street

Karte R2–S2

An der immer belebten Hamdan bin Mohammed Street reihen sich Schmuckläden, Shops für arabische und Bollywood-Musik und Discountmärkte.

9 The Galleria

Karte T2 ■ Al Maryah ■ +971 2 616 6999 ■ tägl. 10–22 Uhr (Do & Fr bis 24 Uhr) ■ www.thegalleria.ae

Auf drei Etagen bieten luxuriöse Boutiquen beliebte Marken aus aller Welt *(siehe S. 51)*.

10 WTC Souk

Karte R2 ■ World Trade Center Abu Dhabi, Khalifa Bin Zayed The First Street ■ +971 2 508 2400 ■ tägl. 10–22 Uhr (Fr & Sa bis 24 Uhr)

Der schöne Souk im World Trade Center *(siehe S. 91)* bietet nicht nur hervorragende Kunsthandwerks- und Souvenirläden, man bekommt hier auch tolle Gewürze, Honig und andere Lebensmittel.

Angebot auf dem WTC Souk

Restaurants & Bars

Preiskategorien
Preis für ein Drei-Gänge-Menü pro Person mit einer halben Flasche Wein, inkl. Steuern und Service.

D unter 100 AED **DD** 100–400 AED
DDD über 400 AED

1 Pickl

Karte R2 ■ World Trade Center Abu Dhabi ■ +971 2 886 7314 ■ tägl. 10–2 Uhr ■ D

Die geheime Sauce macht die saftigen Burger der einheimischen Kette besonders lecker. Für Vegetarier und Veganer ist auch gesorgt.

2 Beijing

Karte R2 ■ Madinat Zayed ■ +971 2 621 0708 ■ tägl. 11–24 Uhr ■ D

Die Besitzer des beliebten Lokals beweisen, dass authentische chinesische Küche nicht teuer sein muss.

3 Hakkasan

Karte N1 ■ Emirates Palace ■ +971 2 690 7739 ■ tägl. 18–24 Uhr (Sa auch 12–15.30 Uhr) ■ DDD

Das chinesische Sternerestaurant bietet hervorragende kantonesische Küche. Das ansprechende Interieur schufen die französischen Innenarchitekten Gilles & Boissier.

4 Zuma

Karte T2 ■ The Galleria ■ +971 2 401 5900 ■ tägl. 12.30–15.30 & 19–24 Uhr (Do & Fr bis 1 Uhr) ■ DD

In diesem stilvollen japanischen Restaurant kommen hervorragende Gerichte aus der Hauptküche, vom Robata-Grill oder von der Sushi-Theke *(siehe S. 48)*.

5 Zahrat Lebnan

Karte R2 ■ Global Tower, Al Khalidya ■ +971 600 500 502 ■ tägl. 8–3 Uhr ■ kein Alkohol ■ D

Köstliche *mezze* wie Hummus und gefüllte Weinblätter, herrliche Grillteller und Desserts wie in Honig getränkte *baklava* locken in diesem authentisch libanesischen Lokal.

6 Vasco's

Karte N2 ■ Radisson Blu Hotel & Resort, Corniche ■ +971 2 692 4247 ■ tägl. 12–15.30 & 19–23 Uhr ■ DDD

Lassen Sie sich in dem schicken Restaurant exquisite europäische Gerichte mit feiner asiatischer Note schmecken.

Tisch mit prächtigem Ausblick

7 Talea by Antonio Guida

Karte N1 ■ Emirates Palace ■ +971 2 690 7999 ■ tägl. 12.30–15 & 18.30–23 Uhr ■ DDD

Das Talea bietet tolle italienische Sterneküche in gepflegtem Design.

8 Royal Orchid

Karte T2 ■ The Galleria, Al Maryah ■ +971 2 677 9911 ■ tägl. 12–23.30 Uhr ■ kein Alkohol ■ D

Das Atmosphäre des authentischen Thai-Restaurants ist bezaubernd.

9 India Palace

Karte T2 ■ Al Salam Street ■ +971 2 644 8777 ■ tägl. 12–24 Uhr ■ kein Alkohol ■ D

In opulentem Raj-Dekor werden nordindische Spezialitäten serviert.

10 Jazz Bar & Dining

Karte N2 ■ Radisson Blu Hotel & Resort, Corniche ■ +971 2 692 4247 ■ tägl. 19–2 Uhr (Fr–So bis 3 Uhr)

Die Hotelbar lockt mit exzellenten Cocktails und Livejazz.

Siehe Karte S. 90f

Großraum Abu Dhabi

Rennwagen, Ferrari World Abu Dhabi

Rund ums Zentrum von Abu Dhabi entstehen viele aufregende Attraktionen. Die Insel Saadiyat ist Heimat des Louvre Abu Dhabi, weitere Museen wie Guggenheim Abu Dhabi, Zayed National Museum und Natural History Museum sollen 2025 eröffnen und die Stellung des Emirats als Kunst- und Kulturhochburg festigen. Doch auch für Unterhaltung ist gut gesorgt: Auf der Insel Yas finden sich die Formel-1-Strecke von Abu Dhabi, die schicke Yas Marina sowie Vergnügungsparks wie Ferrari World und Yas Waterworld. Und südöstlich vom Stadtzentrum steht die imposante Scheich-Zayid-Moschee: Das mit weißem Marmor verkleidete Bauwerk präsentiert im Innern eine überwältigende Pracht.

1 Bain Al Jessrain

südöstlich vom Stadtzentrum

■ The Souk at Qaryat Al Beri: Sa – Do 10 – 22 Uhr, Fr 12 – 24 Uhr; +971 2 558 1670; www.soukqaryatalberi.com

Ein Großteil von Abu Dhabis Stadtgebiet erstreckt sich auf einer durch den Meeresarm Khor Al Maqta vom Festland getrennten Insel, die erst 1966 durch den Bau der Al-Maqta-Brücke Straßenanbindung erhielt – inzwischen führen hier drei Brücken über den Creek, dessen Ufer einige noble Hotels säumen. Das Gebiet auf Festlandseite heißt Bain Al Jessrain (»Zwischen den Brücken«) und birgt u. a. The Souk at Qaryat Al Beri, wo man auf zwei Etagen hübsche Boutiquen, Restaurants und Cafés vorfindet. Der Souk gehört zum Komplex des Shangri-La Hotels *(siehe S. 114)*, den reizvolle Kanäle nach venezianischem Vorbild durchziehen.

Scheich-Zayid-Moschee

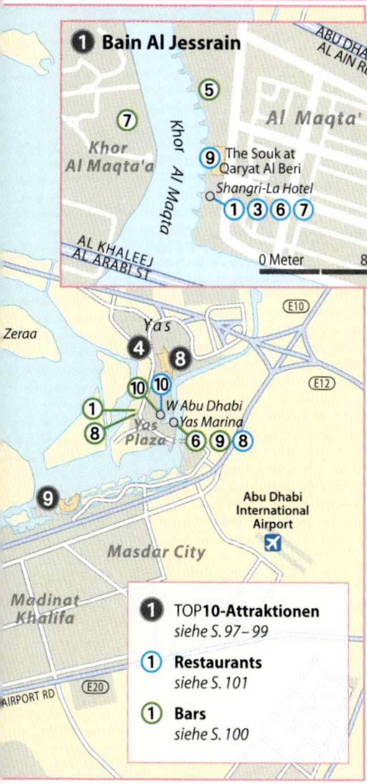

2 Scheich-Zayid-Moschee

Das eindrucksvolle Gotteshaus ist nach Scheich Zayid bin Sultan Al Nahyan, dem ersten Präsidenten der Vereinigten Arabischen Emirate, benannt und birgt auch die Grabstätte des Herrschers. Die Moschee steht auch Nichtmuslimen offen, Besucher sollten sich allerdings an die Kleidungsvorschriften halten *(siehe S. 28f)*.

3 Louvre Abu Dhabi

Cultural District, Saadiyat

■ +971 600 565 566 ■ Di – Do 10 – 18.30 Uhr, Fr – So 10 –20.30 Uhr ■ Eintritt ■ www.louvreabudhabi.ae

Das riesige, Ende 2017 eröffnete Kunstmuseum – Schwester des berühmten Pariser Hauses – ist das Herzstück des auf Saadiyat entstehenden Kulturviertels. Der Bau des französischen Architekten Jean Nouvel erinnert an ein Ufo – silbrig schimmernd und scheinbar schwerelos. Durch die kunstvoll perforierte Kuppel fällt Tageslicht in die Räume, wo wechselnde Ausstellungen (mit dem Schwerpunkt islamische und nahöstliche Kunst) Werke aus der Louvre-Sammlung präsentieren.

Saadiyat Public Beach

4 Yas Waterworld

Yas ▪ +971 600 511 115 ▪ tägl. 10–mind. 18 Uhr ▪ Eintritt ▪ www.yaswaterworld.com

Der beliebte Wasserpark *(siehe S. 45)* bietet reichlich Spaß für Besucher jeden Alters. Neben 40 eher rasanten Rutschen finden sich hier auch ruhigere Vergnügungen. Wagemutige lockt die beinahe senkrecht verlaufende Rutsche »Jebel Drop«. Wer zum Baden lieber das Meer aufsucht, findet am öffentlichen Sandstrand Yas Public Beach beste Bedingungen vor – samt Sonnenliegen und Infinity Pool.

Yas Waterworld

5 Al-Maqta-Festung

Al Maqta'

Die kleine, rund 200 Jahre alte Festung neben der Al-Maqta-Brücke diente einst zum Überwachen der Hauptzufahrt nach Abu Dhabi. Der sandfarbene Bau ist mit Schießscharten ausgestattet, die hölzernen Türen sind mit hübschem Schnitzwerk versehen.

6 Saadiyat Public Beach

Saadiyat ▪ tägl. 8 Uhr bis Sonnenuntergang ▪ Eintritt frei

Der weiße Sandstrand bietet Erholung abseits des Trubels der Stadt. Hier gibt es Duschen, Toiletten und ein Café. Gegen Gebühr kann man Sonnenliegen und Schirme mieten. Die Dünen gleich hinter dem Strand dienen als Lebensraum für seltene Pflanzen und Tiere – Schildkröten legen hier ihre Eier ab. In der Bucht sind gelegentlich Delfine zu sehen.

7 Manarat Al Saadiyat

Sheikh Khalifa Highway, Saadiyat ▪ +971 2 657 5800 ▪ tägl. 10–20 Uhr ▪ www.manaratalsaadiyat.ae

Bis zur Fertigstellung aller Bauprojekte auf der Insel Saadiyat werden wohl noch einige Jahre vergehen, doch Neugierige erhalten im Kulturzentrum Manarat Al Saadiyat, das auch Kunstausstellungen zeigt, anhand von Modellen und weiteren Exponaten einen lebendigen Eindruck von den ambitionierten Vorhaben. Neben dem Zentrum steht der eindrucksvolle UAE Pavilion, der von Foster + Partners für die Expo 2010 in Shanghai entworfen wurde.

8 Ferrari World

Yas ▪ +971 600 511 115 ▪ tägl. 11–20 Uhr (evtl. wechselnd) ▪ Eintritt ▪ www.ferrariworldabudhabi.com

Der Vergnügungspark, der sich vor der weltberühmten Automarke verbeugt, ist nach eigenen Angaben der größte der Welt. Die ganz in Rot gehaltene Halle birgt eine ganze Reihe Fahrgeschäfte, zu den absoluten Highlights gehören der Formel-1-Simulator, der schwindelerregende »Tower of Speed« und die schnellste Achterbahn der Welt.

9 Aldar Headquarters Building

Al Raha

Wenn man auf der Autobahn von Dubai nach Abu Dhabi fährt, fällt das außergewöhnliche Gebäude ins Auge: Der Wolkenkratzer gilt als erster mit kreisrunder Gestalt. Das Bauwerk ähnelt einer gigantischen gläsernen Linse, durchzogen von einem diagonal verlaufenden Gitternetz. Wer mag, kann das imposante Atrium besichtigen.

10 Capital Gate

Al Khaleej Al Arabi Street

Das auch als »Schiefer Turm von Abu Dhabi« bezeichnete Gebäude zählt zu den faszinierendsten futuristischen Bauwerken der Stadt. Es wird im Guinnessbuch der Rekorde als der am stärksten (absichtlich) geneigte Turm der Welt verzeichnet. Die Neigung ist wesentlich stärker ausgeprägt als die des berühmten Schiefen Turms von Pisa. Beim Betrachten des Wolkenkratzers kann man durchaus den Eindruck gewinnen, das Gebäude würde jeden Moment ins Meer kippen.

Capital Gate

Tagestour

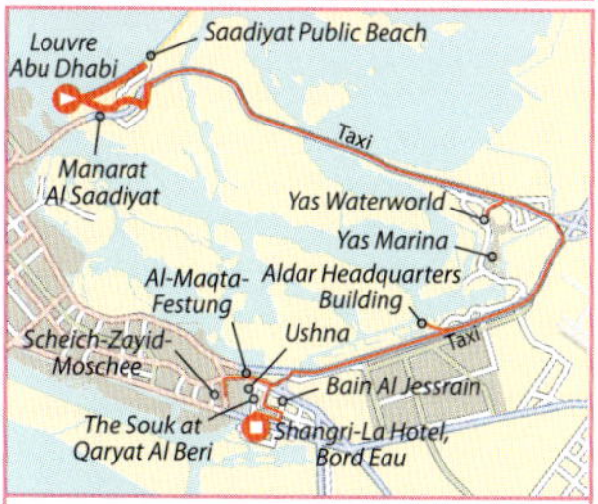

Vormittags

Beginnen Sie den Tag mit einem Besuch im sensationellen **Louvre Abu Dhabi**, um sich islamischer Kunst und eindrucksvollen Werken aus dem Nahen Osten zu widmen. Verschaffen Sie sich im **Manarat Al Saadiyat** einen Überblick über die imposanten Bauprojekte auf der Insel, bevor Sie sich am **Saadiyat Public Beach** entspannen. Wer wenig Lust auf Kunst hat, fährt schon etwas früher nach Yas, um sich dort in der **Yas Waterworld** zu vergnügen. In der schicken **Yas Marina** bieten sich mehrere Restaurants für ein Mittagessen an.

Nachmittags

Auf der Weiterfahrt Richtung Zentrum können Sie das **Aldar Headquarters Building** bestaunen, dann lockt die imposante **Scheich-Zayid-Moschee** mit ihrem prächtigen Interieur und dem schönen Hof.

Gegen Abend geht es mit dem Taxi nach **Bain Al Jessrain**. Auf dem Weg liegt die 200 Jahre alte **Al-Maqta-Festung**. Erkunden Sie die hübschen Läden in **The Souk at Qaryat Al Beri** und kehren Sie rechtzeitig zum Sonnenuntergang ins **Ushna** *(siehe S. 101)* ein, um dort auf der Terrasse mit Blick auf den Khor Al Maqta einen Cocktail zu genießen. Der Tag endet mit einem Essen in einem der großartigen Restaurants des Areals. Romantisches Ambiente bietet das **Bord Eau** *(siehe S. 101)* im **Shangri-La Hotel** – der Blick von der Terrasse auf den Maqta Creek ist traumhaft schön.

Siehe Karte S. 96f

Bars

Theke der Y Bar

1 Y Bar

Yas Island Rotana, Yas ▪ +971 2 656 4000 ▪ tägl. 12–2 Uhr (Do & Fr bis 3 Uhr)

Die Cocktailbar mit modernem Chic hat auch eine hübsche Terrasse.

2 Cabana 9

Saadiyat Beach Club, Saadiyat ▪ +971 2 656 3500 ▪ tägl. 10 Uhr bis Sonnenuntergang

In der Poolbar am Ufer wird zum Drink fantastischer Ausblick aufs Meer geboten.

3 Relax@12

Aloft Abu Dhabi, Khaleej Al Arabi Street ▪ +971 2 654 5138 ▪ tägl. 17–2 Uhr (Mi–Fr bis 3 Uhr)

Die Aussicht durch die wandhohen Fenster der Hotelbar im zwölften Stock ist herrlich. Zu guten Drinks sind asiatische Snacks zu haben.

4 Buddha-Bar Beach

St. Regis Saadiyat Island Resort, Saadiyat ▪ +971 2 498 8008 ▪ Mo–Do 17–24 Uhr, Fr–So 13–1 Uhr

Im Strandrestaurant des St. Regis *(siehe S. 114)* genießt man exzellente Cocktails, Musik und edles Flair.

5 Poolside

Fairmont Bab Al Bahr, Bain Al Jessrain ▪ +971 2 654 3333 ▪ tägl. 9–18 Uhr ▪ Eintritt

Die Poolbar des Fairmont *(siehe S. 114)* ist ein toller Ort, um Ausblick, Cocktails und Burger zu genießen.

6 Stars 'N' Bars

Emporium Building, Yas Marina ▪ +971 2 565 0101 ▪ tägl. 12–3 Uhr

Gute Küche, zwanglose Atmosphäre und Spielautomaten locken in die Sportbar amerikanischen Stils.

7 Sorso

The Ritz-Carlton Abu Dhabi, Grand Canal ▪ +971 2 818 8203 ▪ tägl. 17–2 Uhr

Diese Sportbar der Luxusklasse erinnert mit ihren Plüschsofas und Lehnstühlen eher an einen Herrenclub, hat aber Burger auf der Karte.

8 Belgian Beer Café

Radisson Blu Hotel, Yas ▪ +971 2 656 2000 ▪ tägl. 12–2 Uhr (Do & Fr bis 3 Uhr)

In der schicken Café-Bar lässt man sich mittags und abends gern leckeres Essen und gutes belgisches Bier schmecken.

9 Iris

Yas Yacht Club, Yas Marina ▪ +971 55 160 5636 ▪ Mi–So 18–3 Uhr

Die elegante Bar des Yachtclubs lädt zu einem Drink mit Blick auf die Yas Marina ein.

10 Wet Deck

W Abu Dhabi, Yas ▪ +971 2 656 0000 ▪ tägl. 8–20 Uhr

Auf der Dachterrasse des eleganten W-Hotels *(siehe S. 114)* sorgen Pool, Cocktails und DJs stets für gute Stimmung.

Siehe Karte S. 96f

Restaurants

1 Bord Eau

Shangri-La Hotel Qaryat Al Beri, Bain Al Jessrain ■ +971 2 509 8555 ■ So–Fr 18.30–23.30 Uhr ■ DDD

Das edle Restaurant im nicht minder edlen Shangri-La Hotel *(siehe S. 114)* bietet Köstlichkeiten der französischen Küche – klassisch wie auch mit moderner Note – und eine exzellente Weinauswahl *(siehe S. 48)*.

2 Sardinia

Abu Dhabi Country Club, Al Mushrif ■ +971 2 657 7640 ■ tägl. 12–15 & 19–23 Uhr ■ DD

Das preisgekrönte Restaurant kredenzt zwischen den einzelnen Menü-Gängen kostenlose Amuse-Gueules.

3 Entrecôte Café de Paris

Souk Qaryat Al Beri, Bain Al Jessrain ■ +971 2 557 6508 ■ tägl. 12–24 Uhr ■ DD

In dem Ableger des Genfer Cafés wird aus Tradition nur ein einziges warmes Gericht serviert: Entrecôte mit der berühmten Buttersauce.

4 Amici

W Abu Dhabi, Yas ■ +971 2 656 0000 ■ Di–So 18–23 Uhr (Sa auch 13–15.30 Uhr) ■ DD

Auf der Karte des italienischen Restaurants im Hotel W *(siehe S. 114)* stehen leckere Antipasti, Holzofenpizzas und hausgemachte Pasta.

5 Atayeb

W Abu Dhabi, Yas ■ +971 2 656 0000 ■ So–Fr 19–1 Uhr ■ DD

Die libanesischen und syrischen Gerichte, die auf der Terrasse des behaglichen Restaurants serviert werden, kommen vom Holzkohlegrill.

6 Hoi An

Shangri-La Hotel Qaryat Al Beri ■ +971 2 509 8555 ■ tägl. 18–23.30 Uhr ■ DD

Räumlichkeiten im Kolonialstil bilden einen schönen Rahmen für hervorragende vietnamesische Küche *(siehe S. 49)*.

Preiskategorien

Preis für ein Drei-Gänge-Menü pro Person mit einer halben Flasche Wein, inkl. Steuern und Service.

D unter 100 AED **DD** 100–400 AED
DDD über 400 AED

7 Shang Palace

Shangri-La Hotel Qaryat Al Beri ■ +971 2 509 8555 ■ tägl. 12–15 & 19–23.30 Uhr ■ DD

Im Shangri-La Hotel kann man auch sehr gut chinesisch essen.

8 Cipriani

Yas Yacht Club, Yas Marina ■ +971 2 657 5400 ■ tägl. 18–24 Uhr ■ DD

Hier genießt man authentisch italienische – vor allem venezianische – Gerichte aus saisonalen Zutaten bei schönem Blick auf die Marina.

9 Ushna

Souk Qaryat Al Beri, Bain Al Jessrain ■ +971 2 559 9747 ■ tägl. 12–23.30 Uhr ■ DD

Das elegante nordindische Restaurant bezaubert auch durch seine traumhafte Lage am Ufer.

10 Angar

W Abu Dhabi, Yas ■ +971 2 656 0000 ■ Mi–Mo 18–23 Uhr ■ DD

Genießen Sie exzellente moderne indische Küche im edlen Ambiente des gehobenen Hotelrestaurants.

Restaurant Angar im W Abu Dhabi

Reise-Infos

Metro-Station Al Fahidi, Bur Dubai

To Rashidiya
To Jebel Ali

Anreise & Vor Ort unterwegs

Flugreisen

Der **Dubai International Airport** (DXB) zählt zu den besten Flughäfen der Welt. Die staatliche Fluglinie **Emirates** hat dort mit Terminal 3 eine eigene hochmoderne Abfertigungshalle, alle anderen Fluggesellschaften steuern Terminal 1 an.

Auch der **Abu Dhabi International Airport** (AUH) ist hochmodern. Hier kommen sämtliche Passagiere in dem pilzförmigen Satellitenbau des Flughafens an.

Für Besucher, die ohne Visum in die Vereinigten Arabischen Emirate einreisen dürfen, geht die Abfertigung an beiden Flughäfen in der Regel recht zügig vonstatten. Alle anderen Reisenden müssen sich für die Vorlage ihres von der Botschaft der VAE ausgestellten Visums in die Schlange einreihen.

Für die Fahrt mit dem Taxi vom Flughafen Dubai ins Stadtzentrum gilt ein Basispreis von 25 AED. Nach Deira gelangt man für rund 60 AED, nach Jumeirah für etwa 85 bis 100 AED. Die Terminals 1 und 3 bieten Metro-Anschluss, es gibt aber auch mehrere Flughafenbusse, die Reisende ins Stadtzentrum bringen.

Vom Flughafen Abu Dhabi kommt man mit dem Taxi für etwa 70 bis 80 AED ins Stadtzentrum. Wer den Flughafenbus A1 nimmt, zahlt für die Strecke nur 4 AED pro Person. Fahrten in die Stadt dauern je nach Verkehr 30 bis 40 Minuten.

Schiffsreisen

In Dubai machen viele Kreuzfahrtschiffe halt. Anleger ist das **Dubai Cruise Terminal** in Port Rashid zwischen Jumeirah und Bur Dubai.

Anreise mit dem Auto

Die Grenzübergänge von Saudi-Arabien stehen nur Einwohnern aus den arabischen Mitgliedsstaaten der GCC offen. Der Oman bietet Urlaubern, die kein Visum für die Vereinigten Arabischen Emirate benötigen, derzeit an fünf Grenzübergängen Einreisemöglichkeiten.

Öffentlicher Nahverkehr

Um den öffentlichen Nahverkehr in Dubai kümmert sich die **RTA** (Roads and Transport Authority). Am schnellsten kommt man in der Stadt mit der fahrerlosen **Dubai Metro** voran. Die beiden Linien – rot und grün – bringen Sie zu den meisten Sehenswürdigkeiten. Die Züge verkehren von 5 Uhr – außer sonntags, da wird erst ab 8 Uhr gefahren – bis Mitternacht (freitags bis 1 Uhr) im Fünf- bis Zehn-Minuten-Takt. Alle Züge verfügen über ein (etwas teureres) Gold-Class-Abteil und einen Frauen und Kindern vorbehaltenen Waggon.

Die **Dubai Tram** fährt in Stadtgebiete, die nicht von der Metro bedient werden. Die Strecke verläuft in einer Schleife um Dubai Marina sowie mehrere Kilometer die Küste entlang. Einige Haltestellen bieten Umsteigemöglichkeit in die Metro bzw. die Palm Monorail *(siehe S. 85)*. Die Bahnen fahren im Acht-Minuten-Takt von 6 bis 1 Uhr (sonntags erst ab 9 Uhr). Die Buslinien der RTA fahren Viertel an, die von Urlaubern im Allgemeinen selten besucht werden.

In Abu Dhabi decken die Busse des **ITC** (Integrated Transport Centre) das gesamte Stadtzentrum ab, die Einzelfahrt kostet 2 AED. Es gibt regelmäßige Busverbindungen zwischen Dubai und Abu Dhabi. Von beiden Städten fahren auch Busse an andere Orte in den Emiraten.

ÖPNV-Tickets

Öffentliche Verkehrsmittel in Dubai operieren ausschließlich mit dem Nol-Fahrkartensystem. Die Tickets müssen vor Fahrtantritt an Automaten oder Fahrkartenschaltern gekauft bzw. auf Karten geladen werden. Die preiswerteste Option ist das Red Ticket (2 AED), auf das man vorab bis zu zehn Einzelfahrten (à 4 AED) oder ein Tagesticket (20 AED) für unbegrenzte Nutzung aller öffentlichen Verkehrsmittel laden kann. Silver und Gold Cards lassen sich mit Guthaben von bis zu 5000 AED aufladen. Für Metro, Tram und Bus gelten dieselben Preise (4 bis 8,50 AED je nach Zone). Kinder unter sechs Jahren fahren gratis mit.

Taxis

Sowohl in Dubai als auch in Abu Dhabi sind Taxis ein beliebtes und preiswertes Verkehrsmittel. Taxistände gibt es u. a. an den meisten Shoppingmalls, in der Regel kann man die Wagen aber auch einfach an der Straße heranwinken. Zu Stoßzeiten ist es ratsam, telefonisch oder per App ein Taxi zu ordern, auch wenn dafür eine Gebühr (4–5 AED) fällig ist. Alle Wagen sind mit Taxameter ausgestattet. Der Fahrpreis pro Kilometer beträgt in Dubai 2,09 AED, in Abu Dhabi 1,82 AED. Hinzu kommt eine Grundgebühr, die in Dubai bei 5 AED (nachts 5,50 AED) liegt, in Abu Dhabi sind es 3,50 AED (nachts 4 AED). Nachts (22–6 Uhr) liegt der Mindestfahrpreis in Dubai bei 12 AED, in Abu Dhabi bei 10 AED. Die wichtigsten Taxiunternehmen sind **Dubai Taxi Company** und **Abu Dhabi Taxi**. Auch **Uber** bietet in beiden Städten seine Dienste an.

Autofahren

Angesichts verwirrender Straßenführung, dichten Verkehrs und aggressiven Fahrstils der Emiratis sollte man sich hier besser nicht hinters Steuer setzen. Die Höchstgeschwindigkeit beträgt in der Stadt 60 km/h, auf Landstraßen 80 km/h und auf Autobahnen 100 bis 120 km/h. Alkohol am Steuer ist verboten und wird hart bestraft. An den Flughäfen und in vielen Hotels finden sich Schalter international bekannter Mietwagenfirmen. Der EU-Führerschein wird in den VAE akzeptiert.

Bootsfahrten

Die **Dubai Ferry** verkehrt dreimal täglich zwischen Bur Dubai und Dubai Marina. Tickets kosten 50 AED. Sightseeing-Fahrten sind auch im Angebot. Auf dem Dubai Creek verbinden *abras* Deira und Bur Dubai, der Fahrpreis pro Person beträgt 1 AED. Für 120 AED pro Stunde kann man sich ein *abra* mieten. Die RTA betreibt auch Wassertaxis und -busse.

Radfahren

Sowohl in Dubai als auch in Abu Dhabi stellt **Byky** Leihfahrräder bereit. Die Infrastruktur dafür wird in Dubai immer besser. Die Kamelpfade in Nad Al Sheba sind heute Radwege mit fantastischem Blick auf die Stadt, der Al Qudra Cycle Track erstreckt sich in die umliegende Wüste.

Zu Fuß gehen

In Dubai und Abu Dhabi ist man bemüht, fußgängerfreundliche Gebiete zu schaffen. In Dubai laden bislang Souks, die Marina und Al Fahidi zu Spaziergängen ein, in Abu Dhabi locken Corniche und Culture District. Wo Autos unterwegs sind, muss man als Fußgänger achtsam sein, da man von den Fahrern meist schlicht ignoriert wird.

Flugreisen

Dubai International Airport
+971 4 224 5555
dubaiairports.ae

Abu Dhabi International Airport
+971 2 505 5555
abudhabiairport.ae

Emirates Airline
emirates.com

Schiffsreisen

Dubai Cruise Terminal
dubaicruiseterminal.com

ÖPNV

RTA (Dubai)
+971 800 9090
rta.ae

Dubai Metro
dubai-metro.me

Dubai Tram
alsufouhtram.com

ITC (Abu Dhabi)
itc.gov.ae

Bootsfahrten

Dubai Ferry
dubai-ferry.com

Abras & Wassertaxis
rta.ae

Taxi

Dubai Taxi Company
+971 4 208 0808 oder +971 800 88 088
dubaitaxi.ae

Abu Dhabi Taxi (TransAD)
+971 600 535 353
(von außerhalb der VAE: +971 2 418 6000)
itc.gov.ae/taxi-booking

Uber
uber.com

Radfahren

Byky
q8byky.com

Praktische Hinweise

Einreise

Deutsche, Österreicher und Schweizer können ohne Visum in die Vereinigten Arabischen Emirate einreisen und bis zu 90 Tage bleiben. Sie benötigen nur einen noch mindestens sechs Monate gültigen Reisepass mit biometrischem Bild. Für Kinder jeden Alters sind eigene Reisedokumente mit Lichtbild nötig. Die Einreise mit vorläufigem Reisepass ist nicht mehr möglich. Deshalb wird Reisenden zurzeit dringend empfohlen, rechtzeitig vor Reiseantritt (ggf. im Expressverfahren) einen regulären biometrischen Reisepass zu beantragen.

Zoll

Personen über 18 Jahren dürfen bei der Einreise 400 Zigaretten, 50 Zigarren, 500 Gramm Tabak und vier Liter Wein oder Spirituosen zollfrei einführen. Da Besucher in den Emiraten keinen Alkohol einkaufen dürfen, bleibt dafür nur der Dutyfree-Shop am Flughafen.

Neben Waffen, Drogen, Falschgeld und pornografischem Material ist auch die Einfuhr von indizierten Publikationen verboten. Das betrifft vor allem Medien, die nackte Haut, Liebesszenen oder Drogenkonsum zeigen oder sich mit dem Staat Israel befassen. Auch E-Zigaretten und einige Medikamente sind untersagt. Weitere Informationen bietet die Website von **Dubai Customs**.

Reise- & Sicherheitshinweise

Deutsche, Österreicher und Schweizer erhalten auf den Websites ihrer Außenministerien Reisehinweise und Informationen über die aktuelle Sicherheitslage. Da es wegen unvorhersehbarer Entwicklungen jederzeit zu Änderungen und Einschränkungen kommen kann, stellen die Außenministerien von Deutschland, Österreich und der Schweiz zudem kostenlose Apps zur Verfügung, über die Reisende sofort von Veränderungen der Sicherheitslage erfahren. Ein Blick auf die Website der VAE-Regierung kann natürlich ebenfalls nicht schaden.

Versicherung

Die ärztliche Versorgung in den Emiraten ist sehr gut, aber teuer. Daher ist eine Reisekrankenversicherung inklusive Rücktransport unabdingbar. Eine Absicherung bei Diebstahl oder Gepäckverlust ist zu erwägen.

Gesundheit

Für eine Reise in die VAE sind keine Impfungen erforderlich. Die größte gesundheitliche Gefahr ist die Hitze – wappnen Sie sich gegen Dehydrierung, Sonnenbrand und Hitzschlag. Leitungswasser ist trinkbar, schlimmstenfalls muss Ihr Magen sich auf ungewohnte Bakterien einstellen.

Bei kleinen Beschwerden reicht oft der Gang in eine Apotheke, von denen in Dubai und in Abu Dhabi viele rund um die Uhr geöffnet haben. Bei ernsten Beschwerden suchen Sie eine Klinik auf – der Standard, privat wie öffentlich, ist hervorragend. In Notfällen geht die Versorgung in privaten Häusern oft schneller. Zu empfehlen sind **American Hospital** und **Emirates Hospital** in Dubai sowie **Burjeel Hospital** und **Cleveland Clinic** in Abu Dhabi. Es gibt in den Emiraten auch sehr gute Zahnärzte.

Sicherheit & Notfälle

Kleinkriminalität ist in den Emiraten nahezu unbekannt, trotzdem sollte man auch hier auf seine Habseligkeiten achten und nicht offen mit großen Geldscheinen hantieren. Wenn möglich, lassen Sie Wertsachen und Pass im Hotel – um sich unterwegs ausweisen zu können, reicht eine Kopie. In Souks treiben sich mitunter Betrüger herum, die Fälschungen verkaufen. Männliche Besucher werden in Dubais Altstadt zuweilen von Sexarbeiterinnen angesprochen.

Alleinreisende Frauen müssen in den VAE keine Belästigung fürchten, sofern sie sich an die Gebräuche halten. Nehmen Sie in Taxis auf der Rückbank und in Bussen in den Frauen vorbehaltenen Bereichen Platz.

Benötigen Sie in einer Notlage die **Polizei**, wählen Sie die entsprechende Notrufnummer, dasselbe gilt für **Ambulanz** und **Feuerwehr**.

Auch wenn hier Menschen jeder Hautfarbe und Religion willkommen sind, darf man als Besucher nicht vergessen, dass die VAE ein islamischer Staat sind. Emiratis legen Wert auf religiöse Gesetze und Anstandsregeln. Jede Missachtung führt zu Schwierigkeiten. Frauen müssen sich dezent kleiden und dürfen weder Dekolleté noch Rücken oder Oberarme zeigen. Sowohl in Dubai als auch in Abu Dhabi wurden schon Ausländer verhaftet, weil sie in der Öffentlichkeit zu zärtlich miteinander umgingen.

Homosexualität ist in den VAE illegal und kann hart bestraft werden. Unter aus Zentralasien und Indien stammenden Einwohnern ist Handhalten lediglich ein Zeichen der Freundschaft. Emiratis begrüßen sich zuweilen, indem sie ihre Nasen aneinanderreiben. Diese Geste ist vergleichbar mit dem in Europa üblichen Wangenkuss.

Sollten Sie aus irgendeinem Grund verhaftet werden, unterschreiben Sie keinesfalls arabische Schriftstücke! Rufen Sie Ihre Botschaft an, damit diese einen zweisprachigen Anwalt schickt. Die **Botschaften** von Deutschland, Österreich und der Schweiz befinden sich in Abu Dhabi, in Dubai gibt es Konsulate bzw. entsprechende Büros der Länder.

Beim Verlust von Reisedokumenten kontaktieren Sie ebenfalls Ihre Botschaft, wer seine **Kreditkarte** verliert, sollte diese sofort sperren lassen. Fundsachen verwahrt **Police Lost and Found**. Wer etwas im Taxi vergessen hat, wendet sich ans entsprechende Unternehmen *(siehe S. 105)*.

Große Gefahr lauert in den VAE auf den Straßen: Es gibt viele Verkehrstote, besonders gefährdet sind Fußgänger. Überqueren Sie Straßen besser nur dort, wo es eine Ampel gibt. Falls Sie sich im Taxi unwohl fühlen, weil der Fahrer rast, bitten Sie ihn um gelassenere Fahrweise. Wer selbst fährt, sollte vor allem bei Regen und bei Sandstürmen vorsichtig sein. Wenn Sie einen Autounfall haben, rufen Sie die Polizei. Bewegen Sie Ihren Wagen nicht, bevor ein Polizist Sie dazu auffordert.

Beachten Sie beim Schwimmen im Meer Warnungen vor gefährlichen Unterströmungen – an der Oberfläche sind diese nicht zu erkennen.

Rauchen, Alkohol & Drogen

Rauchen ist in öffentlichen Gebäuden und Verkehrsmitteln, in Restaurants, Bars und Clubs verboten. Mitunter sind Raucherbereiche ausgewiesen. Shisha-Rauchen ist ab 18 Jahren erlaubt.

Das Mindestalter für Alkohol liegt in Dubai bei 21 Jahren. In Abu Dhabi darf man schon mit 18 trinken, doch eine Verordnung verbietet es Hotels, Alkohol an Gäste unter 21 Jahren auszuschenken. Alkohol am Steuer steht unter hoher Strafe.

Drogenkonsum und -handel sind in den VAE streng verboten und werden hart geahndet. Auch einige Medikamente fallen unters Drogengesetz.

Zoll

Dubai Customs
w dubaicustoms.gov.ae

Reise- & Sicherheitshinweise

w auswaertiges-amt.de
w bmeia.gv.at
w eda.admin.ch
w u.ae/en

Gesundheit

American Hospital
☎ +971 4 337 5500
w ahdubai.com

Emirates Hospital
☎ +971 800 444 444
w emirateshospital.ae

Burjeel Hospital
☎ +971 2 508 5555
w burjeel.com

Cleveland Clinic
☎ +971 800 222 33
w clevelandclinic abudhabi.ae

Notfälle

Polizei
☎ 999

Ambulanz
☎ 998

Feuerwehr
☎ 997

Deutsche Botschaft
Trade Center West Tower, 14th Floor, Abu Dhabi Mall
☎ +971 2 596 7700
w abu-dhabi.diplo.de

Österreichische Botschaft
Sky Tower, Office 507, Al Reem, Abu Dhabi
☎ +971 2 694 4999
w bmeia.gv.at/oeb-abu-dhabi

Schweizerische Botschaft
Centro Capital Center Building, 17th Floor, Khaleej Al Arabi Street, Abu Dhabi
☎ +971 2 627 4636
w eda.admin.ch/uae

Kreditkartenverlust
☎ +49 116 116
w sperr-notruf.de

Police Lost and Found
☎ 901 (Dubai)
☎ +971 2 699 9999 (AD)

Behinderte Reisende

Sowohl in Dubai als auch in Abu Dhabi gibt man sich viel Mühe, behinderten Reisenden ihren Aufenthalt zu erleichtern. Die meisten modernen Einrichtungen sind barrierefrei zugänglich. Viele Shoppingmalls sind mit Rampen wie auch mit behindertengerechten Toiletten ausgestattet. Ein Großteil der gehobenen modernen Hotels bieten Zimmer mit behindertengerechter Ausstattung, bei preiswerten Unterkünften ist das seltener der Fall.

Der öffentliche Nahverkehr und die Flughäfen beider Städte sind gut auf Menschen mit Behinderung eingestellt und bieten exzellenten Service. In der Dubai Metro gibt es z. B. ein Blindenleitsystem und auch Fahrpläne in Blindenschrift. Die Wagen verfügen über spezielle Sitzbereiche für Rollstuhlfahrer. Dubai Taxi Company und Abu Dhabi Taxi *(siehe S. 104)* bieten Rollstuhltaxis mit entsprechend geschulten Fahrern an.

Die Website **Visit Dubai** informiert ausführlich über barrierefreies Reisen und hält Tipps für Ihren Aufenthalt bereit.

Geld & Kreditkarten

Der VAE-Dirham wird Dh oder AED abgekürzt. Es gibt Banknoten zu 5, 10, 20, 50, 100, 200, 500 und 1000 Dirham und Münzen zu 5, 10, 25 und 50 Fils sowie zu einem Dirham. 100 Fils sind ein Dirham. 5- und 10-Fils-Münzen sind im Alltag kaum von Bedeutung – Beträge werden in der Regel auf die nächsten 25 Fils auf- bzw. abgerundet. Der VAE-Dirham ist an den US-Dollar gekoppelt: Ein US-Dollar entspricht 3,67 AED, alle anderen Wechselkurse sind flexibel. Wechselstuben gibt es am Flughafen und in vielen Shoppingmalls, am einfachsten ist es aber, sich die hiesige Währung mit Debit- oder Kreditkarte am Automaten zu holen, die hier nahezu überall zu finden sind und von denen die meisten auch die gängigen Kredit- und Debitkarten akzeptieren. Lehnen Sie die Option »Sofortumrechnung« ab, da hier ein schlechterer Wechselkurs gilt.

In den VAE finden sich viele internationale Banken, darunter auch Citibank und Deutsche Bank. In den Filialen gibt es oft eigene Warteschlangen für Frauen – diese werden bevorzugt behandelt.

Abgesehen von traditionellen Souks und sehr kleinen Läden benötigen Sie in den VAE kaum Bargeld – Kreditkarten sind gängiges Zahlungsmittel und mit MasterCard, Visa oder American Express haben Sie keine Probleme. Denoch schadet es nicht, immer auch etwas Kleingeld in der Tasche zu haben – und sei es nur für Trinkgeld, das hier zwar nicht erwartet, aber doch geschätzt wird.

Kommunikation

Die Vorwahlen 04 für Dubai und 02 für Abu Dhabi sind nur außerhalb des jeweiligen Emirats vonnöten. Um vom Ausland in den VAE anzurufen, wählt man die Ländervorwahl 00971, dann 4 für Dubai bzw. 2 für Abu Dhabi und die Anschlussnummer. Handys haben hier die Vorwahl 050 oder 055 (aus dem Ausland 00971 50/55).
Die in Europa gängigen GSM-Handys funktionieren auch in den VAE.
Die staatliche Telekommunikationsgesellschaft **Etisalat** bietet für Besucher praktische Prepaid-Pakete samt SIM-Karte mit lokaler Rufnummer und auch mit WLAN-Guthaben: Die »Visitor Line« gilt 28 Tage, kostet ab 79 AED und ist bei Etisalat (auch online) und in manchen Lebensmittelläden zu haben.

WLAN-Hotspots sind nahezu überall zu finden. Etisalat betreibt sie an den Flughäfen, in Businesscentern, in Shoppingmalls wie auch in manchen Restaurants und Cafés. Wer keine Prepaidkarte hat, bezahlt online mit Kreditkarte.

Post

Briefmarken erhält man in den Filialen der **Emirates Post** und in einigen Schreibwarenläden. Briefe nach Europa sind etwa zehn Tage unterwegs.

Die Post bietet auch Paketlieferungen auf dem Landweg und per Luftpost an, doch zuverlässiger sind Kurierdienste wie **Aramex**, **DHL** und **FedEx**, die Sendungen bei Ihnen im Hotel abholen.

Öffnungszeiten

Anders als bei uns fällt das Wochenende in den Vereinigten Arabischen Emiraten auf Freitag und

Samstag, die meisten Malls und Lokale orientieren sich mittlerweile aber am internationalen Standard. Öffnungszeiten sind nicht gesetzlich festgelegt und variieren entsprechend. Im Allgemeinen haben Shoppingmalls und Supermärkte täglich von 10 bis 22 Uhr geöffnet, am Wochenende auch länger. Kleine Läden folgen in der Regel den Öffnungszeiten großer Einkaufszentren, schließen allerdings mitunter kurz nach Mittag für ein paar Stunden. Behörden arbeiten werktags von 7 bis etwa 15 Uhr, private Firmen meist von 9 bis 16 Uhr. Die Öffnungszeiten von Museen und anderen Sehenswürdigkeiten variieren stark, einige Einrichtungen sind nachmittags geschlossen.

Für die Zeit des Ramadan, wenn Muslime tagsüber streng fasten, wurden die gesetzlichen Vorgaben für die Gastronomie in den letzten Jahren gelockert: Bars und Restaurants bleiben nun im Allgemeinen zu den üblichen Zeiten geöffnet, insbesondere in beliebten Urlaubergegenden.

Information

Es gibt weder in Dubai noch in Abu Dhabi Informationsbüros für Besucher, doch die zuständigen Behörden – **Dubai Department of Tourism and Commerce Marketing (DTCM)** und die **Abu Dhabi Tourism & Culture Authority (ADTCA)** – betreiben Websites (auch in Deutsch) mit nützlichen Hinweisen für Reisende.

Die Magazine ***Time Out Dubai*** und ***Time Out Abu Dhabi*** enthalten umfassende Tipps zu Kunst und Kultur. Auch das Magazin ***What's On*** informiert über Veranstaltungen. Was aktuell an Konzerten und anderen Events geboten ist, erfährt man auch auf der Seite von **800Tickets**, über die man auch gleich die entsprechenden Karten ordern kann.

Wenn es um Schnäppchen, Aktionen oder ähnliche Informationen rund um Essen, Fitness, Wellness oder Freizeitgestaltung in Dubai geht, ist die App von **The Entertainer** eine prima Quelle. In Sachen Restaurants lohnt auch der Blog **I Live in a Frying Pan** einen Blick. Detaillierte praktische Hinweise liefert die recht trocken aufgebaute, aber durchaus hilfreiche Website **DubaiFAQs**.

Mehrwertsteuer

Der Mehrwertsteuersatz für Waren aller Art beträgt in den VAE fünf Prozent. Besucher haben Anspruch auf Rückerstattung der entrichteten Steuer.

Strom

Die Netzspannung in den VAE beträgt 220 Volt/ 50 Hertz. Die Steckdosen variieren, manchmal passen Stecker mit drei Pins, manchmal Eurostecker mit zwei Pins. Die meisten Hotels halten für ihre Gäste Adapter bereit, es gibt diese aber auch in Supermärkten.

Zeitzone

Die Vereinigten Arabischen Emirate sind der Mitteleuropäischen Zeit drei Stunden voraus, im Sommer sind es nur zwei Stunden, da es hier keine Sommerzeit gibt. Es gilt also Mitteleuropäische Zeit plus 3 bzw. 2.

Behinderte Reisende

Visit Dubai
W visitdubai.com/de/plan-your-trip/travel-accessibility

Kommunikation

Etisalat
W etisalat.ae

Post

Emirates Post
W emiratespost.ae

Aramex
W aramex.com

DHL
W dhl.ae

FedEx
W fedex.com/ae

Information

Dubai Department of Tourism and Commerce Marketing (DTCM)
W visitdubai.com

Abu Dhabi Tourism & Culture Authority (ADTCA)
W visitabudhabi.ae

Time Out Dubai
W timeoutdubai.com

Time Out Abu Dhabi
W timeoutabudhabi.com

What's On
W whatson.ae

800Tickets
W 800tickets.com

The Entertainer
W theentertainerme.com

I Live in a Frying Pan
W iliveinafryingpan.com

DubaiFAQs
W dubaifaqs.com

Klima

In den VAE herrscht trockenes, subtropisches Klima mit wenig Niederschlag. Das Land gilt als Reiseziel mit ganzjähriger Sonnenscheingarantie. Im Winter, wenn Dubai Shopping Festival, Global Village und Sportevents *(siehe S. 53)* locken, liegt die Durchschnittstemperartur bei 20 °C. Den Sommer, wenn es hier rund 45 °C heiß wird, sollte man besser meiden, auch wenn Hotels dann besonders günstig sind. Am angenehmsten ist es in den VAE im Oktober/November und im März/April.

Sprache

Offizielle Landessprache der VAE ist Arabisch, die Mehrheit der Bewohner spricht einen Dialekt, wie man ihn rund um den Persischen Golf oft hört. Wegen der großen Schar an Expats ist hier zudem Hindi, Paschtu und Belutschi zu hören, aber auch Persisch. Da sehr viele Emiratis Englisch können, kommt man hier als Urlauber gut zurecht.

Respektvoll reisen

Respektvolles Reisen beinhaltet, Gesetze und Anstandsregeln des Landes *(siehe S. 107)* zu akzeptieren und zu befolgen, auch wenn das in einem islamischen Staat wie den VAE – insbesondere für LGBTQ+ Personen, aber auch für emanzipierte Frauen – eine Herausforderung ist. Vor allem während des Ramadan *(siehe S. 20)* sollten sich nicht muslimische Besucher beherrschen. Auch wenn man sich als Gast des Landes nicht an die Fastenregeln halten muss, ist doch Respekt für die, die ihrem Glauben auf diese Art Ausdruck verleihen, angebracht. Vielleicht verkneifen auch Sie sich in dieser Zeit das Essen in der Öffentlichkeit. Zur Belohnung erhält man während des Ramadam viel Einblick in Traditionen – und kann sich beim Fastenbrechen nach Sonnenuntergang mit an der Lebhaftigkeit erfreuen.

Im weltweiten Vergleich zählt der ökologische Fußabdruck der VAE zu den größten, aber die Regierung arbeitet an einer Verbesserung. Zur Förderung der Nachhaltigkeit hat Dubais Tourismusbehörde einen »Green Tourism Award« ins Leben gerufen, weshalb viele Reiseanbieter nun mehr auf ihren CO_2-Ausstoß achten. Auch als Urlauber sollte man bei der Planung von Aktivitäten an die Umwelt denken: Statt mit dem Jeep durch die Wüste zu fahren, kann man im Hajar-Gebirge wandern und zelten, an der Küste tauchen und schnorcheln oder auch auf Vogelbeobachtungstour gehen.

Touren

Diverse Veranstalter in Dubai und in Abu Dhabi bieten Wüstentouren *(siehe S. 32f)*, Ausflüge in Nachbaremirate oder Dinnerfahrten mit *dhows* an, zu den bekanntesten und besten Unternehmen zählt Arabian Adventures *(siehe S. 33)*, das sich in den letzten Jahren zunehmend der Nachhaltigkeit verschrieben hat. Die Wüstensafaris leiten professionell ausgebildete Führer, die sich mit Flora und Fauna der Wüste bestens auskennen.

Big Bus Tours bietet sowohl in Dubai als auch in Abu Dhabi Stadtrundfahrten in Hop-on-Hop-off-Bussen an. In Dubai sorgt zudem die Wonder Bus Tour *(siehe S. 54)* für besondere Eindrücke.

Für Rundfahrten auf dem Dubai Creek gibt es reichlich Anbieter *(siehe S. 16f)*, man kann allerdings auch ein *abra* mieten oder mit Dubai Ferry *(siehe S. 105)* eine Sightseeing-Fahrt machen.

Das Sheikh Mohammed Centre for Cultural Understanding veranstaltet geführte Spaziergänge durch Al Fahidi *(siehe S. 55)*, mit **Frying Pan Adventures** kann man das kulinarische Dubai erkunden. **Royal Shaheen** bringt Interessierten im Dubai Desert Conservation Reserve *(siehe S. 33)* die Falknerei näher. Um die Bergwelt in den VAE oder im Oman zu erkunden, wendet man sich an **UAE Trekkers** oder an **Absolute Adventure**.

Shopping

Dubai und Abu Dhabi bieten im Wesentlichen zwei Shoppingerlebnisse: moderne Malls und traditionelle Souks. Das Spektrum der Shoppingmalls reicht vom Konsumtempel bis zum schlichten Einkaufszentrum. Arabische und internationale Ketten haben dort Filialen. Läden wie **Damas** (Schmuck), **Paris Gallery** (Parfum) oder **Grand**

Stores (Elektronik) sind in fast allen Malls vertreten.

In traditionellen Souks *(siehe S. 26f)* bieten Läden und Stände alles für den täglichen Bedarf, aber auch reizvollere Waren wie Gold, Gewürze, Parfum, Antiquitäten und Designerimitationen. Feilschen gehört dort zum guten Ton und wird erwartet. Mit Kreditkarten kommt man in Souks selten weiter, in der Regel wird bar gezahlt.

Essen gehen

Die Auswahl an Lokalen ist riesig und reicht vom schlichten arabischen Café bis zum Sternerestaurant. Neben klassischen Gerichten aus dem Nahen Osten – darunter traditionelle arabische Spezialitäten, die oft als »libanesisch« bezeichnet werden – kann man iranische und marokkanische Speisen kosten. Auch indische, italienische und chinesische Restaurants sind in Dubai und Abu Dhabi sehr beliebt.

Viele preiswerte Lokale richten sich an die hier ansässigen Asiaten, es gibt aber auch zahlreiche Cafés, die arabische Kost wie *shawarma* zu günstigen Preisen servieren. Gehobene Restaurants finden sich meist in Hotels, das Ambiente reicht von traditionell bis ultramodern. Viele verfügen über Tische im Freien oder gar große Terrassen am Meer, zuweilen mit Shisha-Spots.

Manche Lokale erheben zehn Prozent Servicezuschlag. Da zusammen mit Steuern bis zu 25 Prozent des Rechnungsbetrags anfallen können, sollte man vorab prüfen, ob Service und Steuern im Preis enthalten sind. Mit Ausnahme der besonders noblen Etablissements sind in Restaurants auch Kinder willkommen.

Unterkunft

Auch die Auswahl an Unterkünften ist in Dubai und Abu Dhabi immens. Vorherrschend sind in beiden Städten moderne Hotels, in Dubai gibt es jedoch auch charmante Pensionen in traditionellen Häusern. Auch Apartments für Selbstversorger sind zu haben – als ein führendes Unternehmen in Dubai bietet z. B. **Golden Sands** gut ausgestattete Wohnräume an. Die Bandbreite an gehobenen Häusern reicht von Luxushotels in futuristischen Wolkenkratzern bis zu weitläufigen Resorts in opulentem arabischen Dekor. Preiswerte Hotels finden sich meist in unscheinbaren, zweckmäßig gestalteten Gebäuden.

Die größte Hotelkette Dubais, **Jumeirah Group**, betreibt die Herrscherfamilie des Emirats – die Häuser sind äußerst luxuriös. Doch auch andere, international bekannte Ketten sind in Dubai und in Abu Dhabi gut vertreten. Zwei der opulentesten Hotelanlagen werden von **Atlantis** betrieben: The Palm und The Royal.

Unterkünfte kann man online über die gängigen Portale oder direkt auf der Website des Hotels buchen. Die Preise variieren beträchtlich und ändern sich mitunter wöchentlich. Oft ist das Buchen samt Flug vorteilhaft. Im Winter sind die Preise am höchsten, der Sommer ist vielen Urlaubern zu heiß und Zimmer sind entsprechend günstig. Auch während des Eid-Fests sind Unterkünfte teurer. Preise reichen von gut 250 AED für ein Doppelzimmer in einem einfachen Haus bis zu hohen vierstelligen Beträgen im Luxushotel. Da in den angegebenen Preisen die Steuern oft nicht enthalten sind, sollte man sich vorab nach den zu erwartenden Zuschlägen erkundigen – sie können bis zu 25 Prozent betragen.

Touren

Big Bus Tours
W bigbustours.com

Frying Pan Adventures
T +971 56 471 8244
W fryingpanadventures.com

Royal Shaheen
T +971 4 435 6550
W royalshaheen.ae

UAE Trekkers
T +971 55 616 2327
W uaetrekkers.com

Absolute Adventure
T +971 4 392 6463
W adventure.ae

Shopping

Damas
W damasjewellery.com

Paris Gallery
W parisgallery.ae

Grand Stores
W grandstores.com

Unterkunft

Golden Sands
W goldensandsdubai.com

Jumeirah Group
W jumeirah.com

Atlantis
W atlantis.com

Hotels

Preiskategorien

Preis für ein Doppelzimmer pro Nacht mit Frühstück (falls inklusive), Steuern und Service.

D unter 600 AED
DD 600–1500 AED
DDD über 1500 AED

Luxushotels in Dubai

Dusit Thani

Karte C6 ■ Sheikh Zayed Road, DIFC ■ +971 4 343 3333 ■ www.dusit.com/dusitthani/dubai ■ DD

Von der »Sawadee ka«-Begrüßung bis zu den Häppchen – das ist Thai-Gastlichkeit. Geschäftsleute schätzen die großen Zimmer; die Club Rooms bieten reizvolle Extras.

Fairmont Dubai

Karte E5 ■ Sheikh Zayed Road, Al Satwa ■ +971 4 332 5555 ■ www.fairmont.com/dubai ■ DD

Das stilvolle Hotel ist ein idealer Ausgangspunkt für Business, Shopping und Sightseeing.

Grosvenor House

Karte B2 ■ Dubai Marina ■ +971 4 399 8888 ■ www.grosvenorhouse-dubai.com ■ DD

Exzellent ausgestattete Zimmer bieten schönen Blick auf Marina oder Meer. Gäste nutzen den Strand (samt Sporteinrichtungen) des Schwesterhotels Royal Méridien.

Jumeirah Emirates Towers

Karte D6 ■ Sheikh Zayed Road ■ +971 4 330 0000 ■ www.jumeirahemiratestowers.com ■ DD

Das elegante Businesshotel in einem der beiden Emirates Towers *(siehe S. 70)* präsentiert eine prächtige Lobby. Der Boulevard an der Basis der Türme birgt tolle Restaurants und Läden.

Radisson Blu Hotel, Dubai Deira Creek

Karte L2 ■ Baniyas Road, Deira ■ +971 4 222 7171 ■ www.radissonblu.com/dubai ■ DD

Dubais erstes Fünf-Sterne-Hotel liegt schön zentral. Die kleinen Balkone der gut ausgestatteten Zimmer bieten Blick auf den Dubai Creek. Zum Haus gehören exzellente Bars und Restaurants.

Shangri-La Hotel

Karte C5 ■ Sheikh Zayed Road ■ +971 4 343 8888 ■ www.shangri-la.com/dubai ■ DD

Das Hotel überzeugt mit erstklassigem Service, schönen modernen Zimmern in asiatischem Stil und mehreren hervorragenden Restaurants.

Grand Hyatt Dubai

Karte H6 ■ Al Qataiyat Road, Bur Dubai ■ +971 4 317 1234 ■ www.hyatt.com ■ DDD

Die riesige Anlage bietet nicht nur herrlichen Ausblick auf Creek Park und Dubai Creek Golf & Yacht Club, sondern auch ein ansprechendes Interieur, tolle Restaurants und einen wunderschönen Regenwald-Wintergarten mit *dhows* an der Decke.

Palace Downtown

Karte C6 ■ Sheikh Mohammed bin Rashid Boulevard, Downtown Dubai ■ +971 4 428 7888 ■ www.theaddress.com ■ DDD

Die idyllische Hotelanlage mit Blick auf den Dubai Fountain hält prächtige, in pseudoarabischem Stil gestaltete Zimmer bereit. Zum Haus gehören drei Restaurants, mehrere Bars und ein Spa. Auch die Businesseinrichtungen sind exzellent. Trotz der Nähe zur Dubai Mall wohnt man hier schön ruhig *(siehe S. 41)*.

Luxusresorts in Dubai

Le Méridien Mina Seyahi Beach Resort & Waterpark

Karte B2 ■ Al Sufouh Road, Dubai Marina ■ +971 4 399 3333 ■ www.marriott.com ■ DD

Das Resort ist etwas in die Jahre gekommen und bietet daher günstigere Zimmer, als die Lage erwarten lässt. Es erscheint schlicht, verfügt jedoch über einen wunderbaren Strand und Palmengärten mit mehreren Pools.

The Westin Dubai Mina Seyahi Beach Resort & Marina

Karte B2 ■ Al Sufouh Road, Dubai Marina ■ +971 4 399 4141 ■ www.westinminaseyahi.com ■ DD

Die Zimmer des stilvollen Hotels mit fantastischem Blick auf den Persischen Golf sind allesamt geräumig und sehr gut ausgestattet, doch nicht alle haben Balkon. Neben Bars und Restaurants sowie Spa und Fitnesscenter gehört zu dem Resort auch ein tolles Wassersportcenter.

Atlantis, The Palm

Karte B1 ▪ Palm Jumeirah ▪ +971 4 426 0000 ▪ www.atlantis.com/atlantis-the-palm ▪ DDD
Der riesige Komplex auf Palm Jumeirah verfügt über eine große Auswahl an Zimmern mit Blick auf den Golf. Den ultimativen Luxus bieten die »Lost Chambers«-Suiten mit Unterwasserblick in die Lagune. Familien freuen sich über Einrichtungen wie den Wasserpark, das Delfinarium und den Kinderclub *(siehe S. 41)*.

Atlantis, The Royal

Karte B1 ▪ Palm Jumeirah ▪ +971 4 426 3000 ▪ www.atlantis.com/atlantis-the-royal ▪ DDD
Das opulente Resort will die Konkurrenz deutlich in den Schatten stellen und bietet wirklich alles, was man von einem Hotel dieses Kalibers erwarten mag. Alle Zimmer haben Balkon, doch den absoluten Luxus genießt man in einer der größeren Suiten *(siehe S. 40)*.

Burj Al Arab Jumeirah

Karte C1 ▪ Jumeirah Road ▪ +971 4 301 7777 ▪ www.jumeirah.com ▪ DDD
In Sachen Service übertrifft Dubais führendes Luxushotel und Wahrzeichen wohl alle Vorstellungen. Es beginnt bei der Anfahrt im Rolls-Royce, reicht über Erfrischungen, kalte Tücher, Räucherstäbchen und Datteln zur Begrüßung in der prachtvollen Lobby und gipfelt beim eigenen Butler für die Doppelsuite. Das Interieur mag protzig erscheinen, doch der herrliche Ausblick versöhnt jeden Gast schnell *(siehe S. 24f)*.

FIVE Palm Jumeirah

Karte B1 ▪ No. 1, Palm Jumeirah ▪ +971 4 455 9999 ▪ www.fivehotelsandresorts.com ▪ DDD
Das schicke Resort am Fuß von »The Palm« gibt einen kleinen Einblick in den Jetset-Lifestyle, den man in Dubai pflegen kann. Das umfasst atemberaubende Sonnenuntergänge und tolle Drinks in The Penthouse, dem Club auf dem Dach, oder süditalienische Aromen im Cinque, dem italienischen Restaurant des Hauses *(siehe S. 41)*.

Jumeirah Al Qasr

Karte C2 ▪ Madinat Jumeirah ▪ +971 800 623 4628 ▪ www.madinatjumeirah.com ▪ DDD
Mit riesigen Holztüren, grazilen Bogen und nordafrikanischen Steinverzierungen trägt das opulente Hotel den Namen »Der Palast« zu Recht. Wohin man blickt, sieht man *Mashrabiya*-Gitter, marokkanische Lampen und große Terrakottavasen. Ein weißer Traumstrand und der Blick auf Mina A'Salam und Burj Al Arab runden das Vergnügen ab *(siehe S. 40)*.

Jumeirah Zabeel Saray

Karte B1 ▪ Palm Jumeirah ▪ +971 4 453 0000 ▪ www.jumeirah.com ▪ DDD
Das extravagante, im Stil eines osmanischen Palasts gestaltete Resort lockt mitunter mit sehr preiswerten Angeboten. Auf Gäste warten mehrere Restaurants und Bars, ein Infinity Pool und ein herrlicher Hotelstrand *(siehe S. 40)*.

Jumeirah Mina A'Salam

Karte C2 ▪ Madinat Jumeirah ▪ +971 800 623 4628 ▪ www.madinatjumeirah.com ▪ DDD
Antike Türme im Jemen und in Saudi-Arabien und Windtürme wie in Al Fahidi inspirierten die Architektur des Resorts, dessen Zimmer arabische Polster, orientalische Lampen und traditionelle Fliesen zieren. Von den Balkonen blickt man auf die hübschen Kanäle von Madinat Jumeirah und auf den Palmenstrand.

Nikki Beach Resort & Spa

Karte E1 ▪ Pearl Jumeirah ▪ +971 4 376 6000 ▪ www.nikkibeach.com ▪ DDD
An der Uferpromenade von Pearl Jumeirah erstreckt sich dieses schicke Strandresort, in dem das für tollen Brunch bekannte Café Nikki und der beliebte Nikki Beach Club mit schöner Shisha-Terrasse locken *(siehe S. 40)*.

One & Only Royal Mirage

Karte B2 ▪ Al Sufouh Road, Dubai Marina ▪ +971 4 399 9999 ▪ www.oneandonlyresorts.com ▪ DDD
Das marokkanisch anmutende Hotel inmitten von mit Teichen durchsetzten Palmengärten zählt wohl zu den romantischsten Resorts der Welt. Am weißen Sandstrand mit Blick auf Palm Jumeirah stehen elegante Sonnenschirme und VIP-Pavillons *(siehe S. 41)*.

The Ritz-Carlton

Karte B2 ▪ The Walk, Jumeirah Beach Residence ▪ +971 4 399 4000 ▪ www.ritzcarlton.com ▪ DDD
Das Luxushotel erfüllt alle Erwartungen, die der Name weckt: Marmor, Kronleuchter, Perserteppiche und Blumen, wohin man blickt. Besonders reizvoll sind die Palmengärten und der weiße Sandstrand *(siehe S. 40)*.

Luxushäuser in Abu Dhabi

Anantara Eastern Mangroves

Karte V3 ▪ Al Salam Street ▪ +971 2 656 1000 ▪ www.anantara.com ▪ DD
Mit den ausgedehnten Mangrovensümpfen vor der Tür vereint das im arabischen Stil gestaltete Hotel Luxus und Natur. Im Haus finden sich ein Spa und mehrere gute Restaurants.

Fairmont Bab al Bahr

Karte V4 ▪ Bain Al Jessrain ▪ +971 2 654 3333 ▪ www.fairmont.com/babalbahr ▪ DD
Trotz seiner Größe besitzt das Hotel eine heimelige Atmosphäre. Die mit großen Bädern ausgestatteten Zimmer bieten Blick auf den Khor al Maqta und die Scheich-Zayid-Moschee. Das Haus bietet ein Fitnesscenter, zwei von Marco Pierre White geführte Restaurants und einen privaten Strand.

InterContinental Abu Dhabi

Karte N2 ▪ Al Bateen Street ▪ +971 2 666 6888 ▪ www.intercontinental.com ▪ DD
Das Fünf-Sterne-Hotel im etwas ruhigeren Westen von Abu Dhabis Stadtzentrum lockt mit wunderbarem Strand, riesigem Pool und mehreren exzellenten Restaurants.

Conrad Abu Dhabi Etihad Towers

Karte N2 ▪ Corniche Road West ▪ +971 2 811 5555 ▪ www.hilton.com ▪ DD
Gäste dieses schicken Hotels, das in einem der fünf futuristischen Etihad Towers *(siehe S. 93)* untergebracht ist, können sich über schöne moderne Zimmer mit exzellenter Ausstattung, drei Pools und einen Privatstrand freuen.

Park Hyatt Abu Dhabi

Karte V2 ▪ Saadiyat Beach ▪ +971 2 407 1234 ▪ www.hyatt.com ▪ DD
Die Lage an einem neun Kilometer langen Strandabschnitt ist ein Traum. Eines der beliebtesten Luxushotels in Abu Dhabi liegt gar nicht weit vom Stadtzentrum entfernt und ist doch eine Oase der Ruhe. Kinder haben Spaß im »Camp Hyatt«, das auf dem Hotelgelände diverse Aktivitäten für drinnen und draußen anbietet.

Shangri-La Hotel Qaryat Al Beri

Karte V4 ▪ Bain Al Jessrain ▪ +971 2 509 8888 ▪ www.shangri-la.com ▪ DD
Das im arabischen Stil gestaltete Hotel in Bain Al Jessrain *(siehe S. 97)* bietet Zimmer mit Blick auf den hauseigenen Strand oder einen der Pools. Zu der großen Anlage gehören ein schönes Spa und gute Restaurants sowie The Souk at Qaryat Al Beri mit seinen reizvollen Lokalen und Läden.

Sofitel Abu Dhabi Corniche

Karte S1 ▪ Corniche Road East ▪ +971 2 813 7777 ▪ www.sofitelabudhabicorniche.com ▪ DD
Das Interieur des noch recht jungen Hotels im Zentrum von Abu Dhabi zeigt sich modern. Von den obersten Stockwerken des Gebäudes mit Art-déco-Anklängen eröffnet sich ein herrlicher Ausblick. Die elegante Hotelbar Jazz & Fizz zählt zu den beliebtesten Treffs der Gegend.

St. Regis Saadiyat Island Resort

Karte V2 ▪ Saadiyat ▪ +971 2 498 8888 ▪ www.stregissaadiyatisland.com ▪ DD
Auf der Insel Saadiyat erstreckt sich an einem herrlichen Strand dieses große moderne Resort. Die im toskanischen Stil gestalteten Gebäude wirken etwas übertrieben, doch dafür entschädigen die üppigen Gärten rundum mit schöner ländlicher Atmosphäre. Die Anlage bietet hervorragende Restaurants und einen sensationellen Pool.

W Abu Dhabi

Karte W4 ▪ Yas ▪ +971 2 656 0000 ▪ www.marriott.com ▪ DD
Das schöne Hotel an der Yas Marina ist gehoben, lockt mitunter aber mit erstaunlich günstigen Angeboten. Das Interieur prägt moderner Chic – von den wunderbaren Zimmern bis zu den Restaurants und Bars. Die imposante Dachkonstruktion wird abends beleuchtet. Gleich daneben liegt Abu Dhabis Formel-1-Strecke.

Emirates Palace

Karte N1 ▪ Corniche Road West ▪ +971 2 690 9000 ▪ www.emiratespalace.com ▪ DDD

In diesem unfassbar opulenten Hotel wählen die werten Gäste zwischen Coral, Pearl und Diamond Rooms oder Khaleej und Palace Suites – alle verfügen über Plasmafernseher und überall genießt man erfreuliche Extras wie Begrüßungscocktails, Obst und Blumen. Natürlich gibt es auch persönlichen Butlerservice. Dass die Minibar kostenlos ist, fällt da wohl kaum mehr ins Gewicht *(siehe S. 30f)*.

Gästehäuser & Mittelklassehotels in Dubai

Ahmedia Heritage Guest House

Karte K1 ▪ Al Ras, nahe Al-Ahmadiya-Schule, Deira ▪ +971 4 225 0085 ▪ www.heritagedubaihotels.com ▪ D

In dem netten Gästehaus in Deira kann man das alte Dubai erleben. Das helle Gebäude mit Innenhof bietet recht geräumige, traditionell eingerichtete Zimmer am Dubai Creek.

Arabian Courtyard Hotel & Spa

Karte K2 ▪ Al Fahidi Street, Al Seef, Bur Dubai ▪ +971 4 351 9111 ▪ www.arabiancourtyard.com ▪ D

Das einladende Haus lockt mit zentraler Lage, fantastischem Blick auf das historische Viertel Al Fahidi *(siehe S. 18f)*, schönen und komfortablen Zimmern im arabischen Stil, freundlichem Personal und der Nähe zur Al-Fahidi-Festung.

Barjeel Heritage Guest House

Karte J1 ▪ Al Shindagha, Bur Dubai ▪ +971 4 354 4424 ▪ www.heritagedubaihotels.com ▪ D

Neun traditionell eingerichtete Gästezimmer warten in diesem Haus in exzellenter Lage am Dubai Creek. Das hauseigene Restaurant bietet gute einheimische Küche.

Golden Sands Hotel Apartments

Karte J2 ▪ Al Mankhool Street, Bur Dubai ▪ +971 4 355 5553 ▪ www.goldensandsdubai.com ▪ D

Die wohnlichen Studios für Selbstversorger verfügen alle über Küchenzeilen, Telefon und TV. Zu den Supermärkten und Läden von Bur Dubai ist es nicht weit. Ein Bus fährt Gäste gratis nach Jumeirah.

Ibis World Trade Centre

Karte E6 ▪ DWTC, Sheikh Zayed Road ▪ +971 4 332 4444 ▪ www.ibishotel.com ▪ D

Eine von Dubais preiswertesten Hoteloptionen bietet zwar kleine, aber gepflegte und durchaus elegante Zimmer in hervorragender Lage. Sparsame wird freuen, dass hier keinerlei Zuschläge lauern – allerdings hilft auch niemand mit dem Gepäck. Das hauseigene Restaurant Twine serviert mediterrane Küche.

Orient Guest House

Karte K2 ▪ Al Fahidi, Bur Dubai ▪ +971 4 353 4448 ▪ www.heritagedubaihotels.com ▪ D

Das bezaubernde Boutiquehotel ist in einem wunderschön sanierten Haus in Al Fahidi untergebracht. Die traditionell gestalteten, hohen Zimmer lassen arabisch-indisches Flair spüren. Im Innenhof kann man nach einem langen Tag voller Sightseeing wunderbar entspannen.

Raintree Hotel

Karte L5 ▪ Al Garhoud Road, Deira ▪ +971 4 209 5111 ▪ www.raintreehotelsdubai.com ▪ D

In zentraler Lage unweit der Shoppingmall City Centre Deira bietet dieses preiswerte, aber tadellos geführte Hotel komfortable Zimmer, guten Service, ein Fitnesscenter und eine Dachterrasse mit Pool.

XVA Art Hotel

Karte K2 ▪ Al Fahidi, Bur Dubai ▪ +971 4 353 5383 ▪ www.xvahotel.com ▪ D

Das Boutiquehotel in einem sorgsam restaurierten Haus mit Innenhof *(siehe S. 19)* bietet außer einem Café keine Extras, aber reichlich Atmosphäre und künstlerisches Flair. Die Zimmer zeigen elegant minimalistischen Stil. Gäste des freundlichen Hauses hören den Gebetsruf durchs Viertel Al Fahidi schallen.

Four Points by Sheraton

Karte J2 ▪ Khalid bin Al Waleed Road, Bur Dubai ▪ +971 4 354 3333 ▪ www.fourpointsburdubai.com ▪ DD

Geschäftsleute und Reisende auf Zwischenstopp in Dubai schätzen dieses Hotel in der Nähe von Bur-Dubai-Souk, Al-Fahidi-Festung, Burjuman Mall und dem historischen Viertel Al Fahidi.

Jumeirah Creekside Hotel

Karte E2 ■ Al Garhoud ■ +971 4 230 8555 ■ www.jumeirah.com ■ DD
Moderne Kunst ziert die schönen Räume des zeitgemäßen Hotels. Die Ausstattung ist exzellent, der Blick auf den Dubai Creek fantastisch.

Mittelklassehotels in Abu Dhabi

Al Ain Palace Hotel

Karte S2 ■ Corniche Road East ■ +971 2 599 6000 ■ www.alainpalacehotel.com ■ D
Auch wenn das Hotel in die Jahre gekommen ist, sorgen die großen behaglichen Zimmer und die freundliche Atmosphäre noch immer für einen angenehmen Aufenthalt. Im Haus gibt es Restaurants und Bars, in denen man nach dem Sightseeing entspannen kann.

Andaz Capital Gate

Karte U3 ■ Capital Gate ■ +971 2 596 1234 ■ www.hyatt.com ■ D
Das schicke und doch preisgünstige Hotel im Capital Gate, dem »Schiefen Turm von Abu Dhabi« *(siehe S. 99)*, bietet seinen Gästen moderne Zimmer, einen großen Pool und ein schönes Spa. Von den obersten Stockwerken hat man eine herrliche Aussicht.

Radisson Blu Hotel & Resort

Karte N2 ■ Corniche Road West ■ +971 2 681 1900 ■ www.radissonhotels.com ■ D
Das Haus war 45 Jahre lang als Hilton Abu Dhabi bekannt und beliebt, seit 2019 empfängt es unter neuem Namen Gäste. Die von Abu Dhabis Expats seit je sehr geschätzten Restaurants und Bars sind noch dieselben und auch an den schönen Pools und dem von Palmen gesäumten Strand an der Corniche – mit vielen Wassersportmöglichkeiten – hat sich nichts geändert. Einige der geräumigen schönen Zimmer bieten Blick auf den Persischen Golf.

Le Royal Méridien

Karte S1 ■ Khalifa bin Zayed The First Street ■ +971 2 674 2020 ■ www.lemeridien.com ■ D
Die hübsch eingerichteten Zimmer des modernen Hotels bieten Blick auf die Corniche und den Persischen Golf. Die ummauerten Gärten bergen mehrere schöne Pools.

Novel Hotel City Center

Karte R2 ■ Hamdan bin Mohammed Street ■ +971 2 633 3555 ■ www.danathotels.com ■ D
Dem Haus ist sein Alter anzumerken, doch es punktet mit toller Lage und niedrigen Preisen. Von den Zimmern in den oberen Stockwerken hat man schöne Aussicht.

Corniche Hotel

Karte S1 ■ Khalifa Street ■ +971 2 614 6000 ■ www.cornichehotelabudhabi.com ■ D
Wer Eleganz zu günstigen Preisen sucht, ist hier richtig. Von den geräumigen Zimmern blickt man über die Corniche und das Meer bis zur Insel Al Lulu. Das Hotel mit kleinem Pool liegt sehr praktisch für die Erkundung des Zentrums.

Sheraton Abu Dhabi Hotel & Resort

Karte T1 ■ Corniche Road East ■ +971 2 677 3333 ■ www.marriott.com ■ D
Das schöne Resort liegt direkt an der Corniche. Es bietet eine Reihe toller Restaurants, gute Wassersportmöglichkeiten und einen sehr hübschen Shisha-Spot am Strand.

Southern Sun

Karte T1 ■ Al Mina Road ■ +971 2 818 4888 ■ www.southernsun.com ■ D
Angesichts der tollen Lage und schicken Aufmachung ist das einladende Hotel erfreulich preiswert. Es verfügt über ein Fitnesscenter, eine Dachterrasse mit Pool, nette Bars und erstklassige Restaurants.

Traders Hotel Qaryat Al Beri

Karte V4 ■ Bain Al Jessrain ■ +971 2 510 8888 ■ www.shangri-la.com/abudhabi/traders ■ D
Das Hotel bietet Blick auf den Khor Al Maqta, guten Service und eine Eleganz, die man bei den Preisen nicht vermutet. Die Zimmer zeigen modernen minimalistischen Stil. Neben dem Privatstrand des Hauses steht Gästen auch ein kleiner Pool zur Verfügung.

Beach Rotana

Karte T2 ■ 10th Street, Al Zahiyah ■ +971 2 697 9000 ■ www.rotana.com/beachrotana ■ DD
Das Resort im Zentrum Abu Dhabis lockt mit eleganten Zimmern, einem kleinen Strand, Beach Club mit Spa, sehr schönem Blick auf die Insel Al Maryah sowie guten Restaurants und Bars.

Hotels fernab Dubai & Abu Dhabi

Fujairah Rotana Resort & Spa

Al Aqah Beach, Fujairah ▪ +971 9 244 9888 ▪ www.rotana.com/fujairahrotanaresortandspa ▪ D

In dem Luxusresort in Fujairah *(siehe S. 55)* kann man sich prima entspannen und erholen. Elegantes Ambiente und exzellente Ausstattung genießt man hier zu wesentlich günstigeren Preisen als in vergleichbaren Hotels in Dubai oder Abu Dhabi.

Al Ain Rotana

120th Street, Al Ain ▪ +971 3 754 5111 ▪ www.rotana.com/alainrotana ▪ DD

Das beste Hotel in Al Ain *(siehe S. 54)* bietet in zentraler Lage die für Fünf-Sterne-Häuser typische Ausstattung. Tagsüber laden hübsche Gärten und Pools zum Relaxen ein, abends warten tolle Restaurants wie das arabische Min Zaman oder das lebhafte Trader Vic's.

Qasr Al Sarab Desert Resort by Anantara

nahe Hameem, Abu Dhabi ▪ +971 2 886 2088 ▪ www.anantara.com/qasr-al-sarab-abu-dhabi ▪ DD

Beim Anblick des festungsähnlichen Wüstenresorts nahe der Liwa-Oase *(siehe S. 54)* denkt so mancher unweigerlich an *Lawrence von Arabien*. Die nahezu unberührte Gegend ist wohl die schönste in den gesamten VAE. Die Zimmer bieten die Ausstattung eines Fünf-Sterne-Hotels, es gibt aber auch kleine Villen mit Pools und Butlerservice *(siehe S. 33)*.

Ajman Hotel

Sheikh Humaid bin Rashid Al Nuaimi Street, Ajman ▪ +971 6 714 5555 ▪ www.hotelajman.com ▪ DD

Das nördlich von Sharjah *(siehe S. 54)* im kleinen Emirat Ajman gelegene Hotel bietet erholsame Entspannung abseits jedes Trubels, wie er im nahen Dubai herrscht. Das Haus ist nicht das neueste, doch dank des reizvollen Privatstrands, des herrlichen Pools und der bezaubernden Gärten kann man hier als Gast eine wunderschöne Zeit verleben.

Le Méridien Al Aqah Beach Resort

Dibba Road, Fujairah ▪ +971 9 244 9000 ▪ www.lemeridien-alaqah.com ▪ DD

Am Al Aqah Beach in Fujairah *(siehe S. 55)* lockt ein weiteres Luxusresort: Das vor der Kulisse des Hajar-Gebirges schön gelegene Fünf-Sterne-Haus mit seinem riesigen Park zählt zu den Wahrzeichen an der Küste. Taucher schätzen das Resort als idealen Ausgangspunkt für Ausflüge.

Meliá Desert Palm

Al Awir Road, Warsan, Dubai ▪ +971 4 323 8888 ▪ www.melia.com ▪ DD

Das einladende Resort liegt etwa 20 Minuten vom Flughafen entfernt am Stadtrand von Dubai und dient dort als behagliche Oase der Ruhe abseits des Zentrums. Die hervorragend ausgestatteten Zimmer haben sogar eigene Pools. Zum Haus gehört auch ein sehr gutes Spa. Die umliegenden Polofelder sorgen für ländliches Flair.

Al Maha Desert Resort & Spa

Dubai Desert Conservation Reserve, Al Ain Road ▪ +971 4 832 9900 ▪ www.al-maha.com ▪ DDD

Auf der Anlage im Zentrum des Dubai Desert Conservation Reserve – nur 60 Kilometer von der Stadt entfernt – ziehen seltene Wildtiere frei umher. Die luxuriösen Zeltunterkünfte verfügen sogar über Tauchbecken *(siehe S. 32)*.

Desert Islands Resort & Spa

Sir Bani Yas, Abu Dhabi ▪ +971 2 801 5400 ▪ www.anantara.com/desert-islands-sir-bani-yas ▪ DDD

Die in den 1970ern von Scheich Zayid bin Sultan Al Nahyan zum Naturschutzgebiet erklärte Insel Sir Bani Yas, 90 Minuten vom Zentrum Abu Dhabis entfernt, ist ein reizvoller Urlaubsort – in unmittelbarer Nachbarschaft leben Giraffen und Arabische Oryx. Neben diesem opulenten Resort betreibt Anantara hier auch noch die luxuriösen Villen-Resorts Al Yamm und Al Sahel.

Bab Al Shams Desert Resort

Al Qudra Road, Dubai ▪ +971 4 809 6100 ▪ www.babalshams.com ▪ DDD

Das fantastische Luxus-Wüstenresort im Stil einer alten arabischen Festung liegt keine Stunde von Dubai entfernt. Hier warten ein Spa, ein imposanter Infinity Pool, Restaurants wie das Al Hadheerah, wo man unter freiem Himmel speist, und Unterhaltung wie Kamelritte und Falknervorführungen *(siehe S. 32)*.

Preiskategorien siehe S. 112

Textregister

Fett gedruckte Seitenzahlen beziehen sich auf Haupteinträge.

Bildnachweis & Impressum

Autorinnen

Lara Dunston verbrachte fünf Jahre in Abu Dhabi und drei in Dubai. Sie schrieb mehrere Reiseführer über die Vereinigten Arabischen Emirate sowie Reisereportagen für diverse internationale Zeitungen und Zeitschriften. Sarah Monaghan lebte fünf Jahre in Dubai, wo sie Redakteurin beim Hochglanzmagazin *Emirates Woman* war, und schreibt heute für Reisemagazine und internationale Publikationen.

DK London

Mitwirkende
Sarah Hendley Hymers

Lektorat
Georgina Dee, Alison McGill, Alex Pathe, Dipika Dasgupta, Mark Silas, Halima Mohammed, Beverly Smar,Shikha Kulkarni, Hollie Teague

Gestaltung und Bildredaktion
Maxine Pedliham, Stuti Tiwar, Taiyaba Khatoon, Vagisha Pushp, Tanveer Zaidi, Sarah Snelling, Priyanka Thakur

Umschlaggestaltung
Jordan Lambley

Kartografie
Suresh Kumar, Ashif

Herstellung
Jason Little, Samantha Cross

Mitarbeit vorherige Auflagen
Gavin Thomas

Bildnachweis

l = links, r = rechts, o = oben, u = unten, m = Mitte.

DK dankt folgenden Personen, Unternehmen und Bildarchiven für die freundliche Erlaubnis, ihre Fotos zu reproduzieren.

123RF.com bloodua 45ml, Luciano Mortula 93ml, pio3 73mlo, Fedor Selivanov 92u, Oleg Zhukov 26mlu.

Alamy Stock Photo age fotostock 14mlo, arabianEye FZ LLC 13or, Asia Photopress 27ol, AVI Pictures 29ol, Chronicle 36mlu, Tibor Bognar 61ol, Yvette Cardozo 14ur, China Span/Keren Su 2or, 34/35u, Dallet-Alba 64mlo, eye35.pix 84u, Stuart Forster 98mlu, Godong 21ol, Hemis 49ur, Hemis.fr/Patrice Hauser 62ur, imageBROKER 59ol, John Kellerman 4mru, Feroz Khan 11ur, LH Images 10mo, 18ul, Nino Marcutti 7mr, 42u, Iain Masterton 48ml, 71ur, 85mlo, 91ur, Middle East 16mlo, Lewis Oliver 10mlu, Robertharding 96ol, Urbanmyth 98o, WorldTravel 65or.

Armani Hotel 12mlu.

Asha's 69ur.

Atlantis, The Palm 41u, 84ul

Atlantis, The Palm – Aquaventure 44o.

AWL Images Peter Adams 2ol, 8/9, Walter Bibikow 65u, Alan Copson 4mlu, Danita Delimont Stock 15mu, Norbert Eisele-Hein 4ml, Nick Ledger 4u.

Balloon Adventures Dubai 32/33m.

Burj Al Arab 4mro, 11or, 24mr, 25ol, 25mro, Skyview Bar 46o.

Dreamstime.com Aleksandra Tokarz 66u, Altayebamer 51or, Cristian Andriana 54/55, 55o, Badahos 11or, Beijing Hetuchuangyi Images Co. Ltd. 22/23, Carabiner 79mlo, Elnur 28ol, Frantic00 83u, Gmv 45ol, Hayk Harutyunyan 3or, 102/103, Laszlo Halasi 13ul, Ilonawellington 20/21, Joyshuai 77ur, Patryk Kosmider 30/31, 52o, 97or, Lexandr Lexandrovich 32mlu, Lika66 53or, Manowar1973 51ml, Miramcor 72u, Luciano Mortula 10or, 28/29, Manoj Mundapat 54m, Outcast85 94mlo, Pazemin 37ml, Photobac 88/89, Pivart 7ol, Romrodinka 76ml, Eq Roy 58mlo, Seqoya 24/25, Konstantin Stepanenko 4mlo, Petr Švec 28ur, 82mo, Swisshippo 14/15, 15or, 30ul, TasFoto 17ul, 50ol, Tea 71ol, Topdeq 10ml, Typhoonski 90ml, 99ul, Thor Jorgen Udvang 42m, Shao Weiwei 11mlu, Oleg Zhukov 11mlo, 33mru, 60ul.

Dubai Creek Golf & Yacht Club 16/17, 60o.

Dubai Mall 6ur.

Emaar 12/13mo.

Emirates Palace 95mro.

Emirates Towers 70ml.

Getty Images Jon Arnold 66or, Allan Baxter 91o, Bloomberg/Christopher Pike 40ur, Mark Daffey 78ol, Oliver Furrer 42ol,

Matilde Gattoni 49ol, John Harper 78u, Kami Kami 92mlo, AFP/Karim Sahib 20mlu, Dan Kitwood 44ul, Sebastiaan Kroes 94ur, Jean-Pierre Lescourret 68o, Maremagnum 26/27, Iain Masterton 72ol, Moment/Umar Shariff Photography 1, Tuul & Bruno Morandi 10ur, Francois Nel 43or, Frans Sellies 53mlu, Sylvain Sonnet 17ol, 18mo, David Steele 59ur, Rudy Sulgan 27ur, Jochen Tack 31or, ullstein bild 77o.

Getty Images/iStock Asia-Pacific Images Studio 4o, clicksbyabrar 83ol, Dblight 37ur, Chandra Dhas 55mru, Shao Weiwei 31ul, Userc62c9d2b_968 3ol, 56/57.

Jumeirah Zabeel Saray 40mlu.

JW Marriott Marquis Hotel Dubai Vault 74m.

Kaffeemuseum 18/19, 52ul.

Karma Kafé 75ul.

Madinat Jumeirah Bahri Bar 47mlu, 81mro, Shimmers 47or.

Omega Dubai Desert Classic 43ml.

One & Only Royal Mirage 41ol, 48u, 86ul, The Rooftop 46mlu, Tagine 87mlo.

Phocal Media 21mru, 29mru.

Platinum Heritage 33ol.

Qasr Al Sarab Desert Resort by Anantara 33ul.

Radisson Blu Hotel/The China Club 63mlo.

Robert Harding Picture Library Michael DeFreitas 50u.

Souk Madinat Jumeirah 80u.

Tabari Artspace 39o.

The Third Line 38mlo.

Towers Rotana Dubai Long's Bar 74or.

W Abu Dhabi Atayeb 101ur.

XVA Art Hotel & Gallery 19ur, Nathan Root 39ur.

Y Bar 100o.

Umschlag

Vorderseite & Buchrücken: **Getty Images** Moment/Umar Shariff Photography.
Rückseite: **Alamy Stock Photo** Iain Masterton ol, **Getty Images/iStock** adrian825 ur, kertu_ee ml, majaiva or.

Extrakarte

Getty Images Moment/Umar Shariff Photography.

Alle anderen Bilder © Dorling Kindersley.

DK | Penguin Random House

Titel der englischen Originalausgabe
DK Eyewitness TOP10 Dubai & Abu Dhabi

Aktualisierte Neuauflage 2024/2025

Verlagsleitung Monika Schlitzer
Programmleitung Heike Faßbender
Redaktionsleitung Stefanie Franz
Projektbetreuung Theresa Fleichaus
Herstellungskoordination Antonia Wiesmeier

Covergestaltung Roman, Bold & Black, Köln
Übersetzung Annika Schroeter, München
Redaktion Birgit Lück, Augsburg
Schlussredaktion Judith Ilchmann, Köln

Satz & Produktion DK Verlag
Druck Leo Paper Products Ltd, China

ISBN 978-3-7342-0806-5
11 12 13 14 26 25 24

FSC www.fsc.org MIX Papier | Fördert gute Waldnutzung FSC® C018179

www.dk-verlag.de

Sprachführer

Aussprache

a	wie in »Rabe«
'a	gepresster, ganz hinten in der Kehle gebildeter Reibelaut
ä	wie in »Bäder«
ch	wie in »lachen«
dsch	wie in engl. »Jim«
e	wie in »Held«
gh	ungerolltes Gaumen-r wie in »Karin«
i	wie in »Lied«
q	stimmloser Verschlusslaut, im Hals gesprochen, tiefer als »k«
th	wie in engl. »three«
w	wie in engl. »wine«
z	stimmhaftes s, wie in »Reise«

Notfälle

Hilfe!	**an-nadschat!**
Stopp!	**qif!**
Ich suche einen Arzt.	**uried al-tabieb.**
Ich suche eine Apotheke.	**uried as-sajdalija.**
Wo ist das nächste Telefon?	**ejne aqrab telefun?**
Wo ist ein Krankenhaus?	**ejne al-musteschfa?**
Ich habe mich verletzt.	**dscherhet nafsie.**

Grundbegriffe & Redewendungen

Ja/Nein	**na'am/lä**
Danke	**schukran**
Nein danke	**lä schukran**
Bitte (als Bitte um etwas)	**min fadlika**
Bitte (als Antwort)	**tafadall**
Guten Morgen	**seba al-chäir**
Guten Abend	**mesä al-chäir**
Gute Nacht	**tushih 'ala chäir**
Auf Wiedersehen	**ma'a as-selläme**
Entschuldigen Sie bitte	**min fadlika**
heute	**al-jaum**
gestern	**ems**
morgen	**bukra**
hier	**hune**
dort	**hunäk**
Was?	**ma?**
Wann?	**metä?**
Wer?	**men?**
Wo?	**ejne?**
Wohin?	**ile ejne?**
Warum?	**li mäzä?**
Wie?	**kejfe?**
Ich verstehe nicht.	**lä efhem.**
Sprechen Sie Deutsch/Englisch?	**hel tetekellem älmänie/ingliezie?**
Ich spreche nicht Arabisch.	**lä ätekellem 'arabie.**
Ich weiß nicht.	**lä 'arif.**
Bitte sprechen Sie langsamer.	**tekellem bischeklin 'abtän min fadlika.**
Ich heiße …	**ismie …**
Wie geht's?	**kejfe haluke?**
Das tut mir leid!	**äsif!**
Lassen Sie mich in Ruhe!	**utruknie wä schänie!**
Können Sie mir helfen?	**tastati 'a musä'adatie?**
Ich möchte …	**uried …**
Wo bekomme ich …?	**ejne juged …?**
Wie viel kostet es?	**bikem?**
Um wie viel Uhr?	**fie äjet sä'at?**
Nehmen Sie Kreditkarten?	**hel taqbal Visa?**
Wo ist die Toilette?	**ejne al-tuwalet?**
Das ist nett von Ihnen!	**lutfun minke!**
Ausgezeichnet!	**mumtaz!**
links	**jesar**
rechts	**jemien**
oben	**fauq**
unten	**esfel**
Wenn Allah will.	**inschala.**
Willkommen!	**merhaba!**
Auf dein/Ihr Wohl!	**fi sihatika!**
Alles Gute!	**atieb al-umnijän!**

Telefonieren

Darf ich Ihr Telefon benutzen?	**mumkin est'amel hätif?**
Was kostet ein Anruf nach …?	**bikem mukellemet ile …?**
Hallo, hier spricht …	**allo, yetekellem …**
Ich möchte … sprechen.	**uried etekellem m'a …**
Kann ich eine Nachricht hinterlassen?	**mumkin etruk chabar?**

Im Hotel

Gibt es freie Zimmer?	**hel ledejkum ghorfa?**
Ich habe reserviert.	**'aindi hadschaz.**
Ich möchte ein Zimmer mit Bad.	**uried ghorfa bi hämmäm**
Hotel	**funduq**
Klimaanlage	**dschihäz tekief al-hewä**
Doppelzimmer	**ghorfat li schachsien**
Einzelzimmer	**ghorfat li schachs wähid**
Dusche	**dusch**
Toilette	**tuwalet**
Schlüssel	**miftah**
Frühstück	**futur**

Sightseeing

Haus	**bejt**
Kirche	**keniesa**
Moschee	**dschäm'a**
Museum	**mathaf**
Palast	**qasr**
Platz	**midan**
Strand	**schati**
Straße	**schäri'a**

Shopping

Ich möchte …	**uried …**
Haben Sie …?	**hal 'aindake …?**
Was kostet das?	**bikem häze?**
Ich zahle dafür …	**bi edf'a …**
Wo kann ich bezahlen?	**ejne edf'a?**
Einkaufen	**jeschterie**
Laden	**mehel**

Im Restaurant

Einen Tisch für eine Person/zwei Personen, bitte.	**tawla li schachs wähid/ithnäjn.**
Ich möchte …	**uried …**
Die Rechnung, bitte.	**mumkin al-hisäb, min fadlika.**
Bier	**biera**
Flasche	**zudschädsche**
Glas	**kub**
Kaffee	**qahwa**
ohne Zucker	**säde**
leicht gesüßt	**mazbut**
süß	**sukker sejada**
mit Milch	**bi al-helib**
Kuchen	**kejk**
(Mineral-)Wasser	**mä**

Minze	n'an'a
Restaurant	mat'am
Sandwich	sendwitsch
Tasse	findschän
Tee	schäj
Teller	tabaq
Tisch	tawla
Vorspeise	mäze
Wein	nebiz
Zucker	sukker

Auf der Speisekarte

Aprikosen	mischmisch
Aubergine	bazendschän
Avocado	abukadu
Baklava	beqläwe
Bananen	moz
Couscous	kuskus
Datteln	beleh
Dessert	helewijät
Ei	bayda
eingelegtes Gemüse	mekhellelät
Eiscreme	ajs kriem
Ente	batta
Erbsen	bäziela
Falafel	feläfel
Feigen	tin
Fisch	semek
Fisch mit Reis	semek saidia
Fleisch	lähm
Fleischbällchen	kufta
Fruchtsalat	salat fawake
Gebäck mit Nüssen & Sirup	konäfe
gebratener Fisch	semek maqlie
gefüllte Weinblätter	waraq meschie
gegrillter Fisch	semek meschwie
gemischte Grillplatte	luhum maschwija
Gemüse	chudar
geräucherter Fisch	semek medächen
grüner Salat	chass
Gurke	chiara
Huhn	dedschädsch
Hummus	hummus
Joghurt	leben
Karotten	dschezera
Kartoffeln	batatis
Käse	dschubn
Kekse	beskwiet
Kuchen	kejk
Lamm	lähm dänie
Lamm-Kebab	kebab
Linsen	'adas
Mandeln	loz
Melone	schemmäm
»Mutter Alis« (Pudding mit Rosinen)	um'ali
Nudeln	sch'arija
Obst	fawake
Oliven	zajtun
Pistazien	fustuq
Pommes frites	batata maqlija
Reis	aruz
Rind	lähm baqar
Roastbeef	rusbief
Shrimps	dschembarie
Steak	stejk
Suppe	schurba
Taube	hemäm
Thunfisch	tuna
Tintenfisch	hebar
Tomaten	tumatim
Torte	gatu
Wassermelone	betiech
Zitrone	lejmun
Zwiebel	basal
frittiert	maqlie
gebacken	machbuz
gefüllt	mehschie
gegrillt	meschwie
gekocht	mesluq
geräuchert	medächen
gewürzt	metabbel
roh	nej
saftig gebraten	mäwie muhemmer

Zahlen

0	sifr
1	wähid
2	ithnäjn
3	theläthe
4	arb'a
5	chamsa
6	sitta
7	seb'a
8	themänieje
9	tis'a
10	'aschara
11	ähed 'aschara
12	ithä 'aschara
13	theläthet 'aschara
14	arb'at 'aschara
15	chamsat 'aschara
16	sittat 'aschara
17	seb'at 'aschara
18	themänijat 'aschara
19	tis'at 'aschara
20	'ashrun
21	wähidwa 'ashrun
30	theläthun
40	arb'aun
50	chamsun
60	sittun
70	seb'aun
80	themänun
90	tis'aun
100	mia
1000	elf

Tage, Monate & Jahreszeiten

Sonntag	yaum al-ähäd
Montag	yaum al-ithäjn
Dienstag	yaum athulethä
Mittwoch	yaum al-arbia
Donnerstag	yaum al-chämies
Freitag	yaum al-dschum'a
Samstag	yaum as-sebt
Januar	janajir
Februar	febrajir
März	maris
April	abriel
Mai	maju
Juni	junju
Juli	julju
August	aghustus
September	siptember
Oktober	uktuber
November	nufember
Dezember	diesember
Frühling	ar-rabie'a
Sommer	as-saif
Herbst	al-charief
Winter	asch-schietä

Straßenverzeichnis Dubai (Auswahl)

Straße	Planquadrat
Abu Baker Al Siddiq Road	M4
Airport Road	L5
Al Adhid Road	F5
Al Athar Road	A4
Al Dhiyafa Road	E5
Al Dhiyafa Roundabout	E4
Al Fahidi Roundabout	K2
Al Fahidi Street	J3
Al Garhoud Road	L5
Al Ghubaiba Street	J1
Al Hadiqa Street	A5
Al Hudaiba Road	E4
Al Ittihad Road	L4
Al Jazeiba Street	L3
Al Khaleej Road	L1
Al Khor Street	K1
Al Maktoum Hospital Road	L2
Al Maktoum Road	L3
Al Mankhool Road	F4
Al Mateena Street	M3
Al Mina Road	F4
Al Muraqqabat Road	L3
Al Mussallah Road	L2
Al Nakhal Road	L2
Al Qataiyat Road	H6
Al Rasheed Road	M2
Al Rigga Road	L3
Al Riyadh Street	J6
Al Rollard	J2
Al Sabkha Road	L1
Al Safa Street	C5
Al Satwa Road	E5
Al Satwa Roundabout	E5
Al Seef Road	K2
Al Urouba Street	B4
Al Wasl Road	B5
Baniyas Road	K2
Baniyas Square	L2
Baraha Street	M2
Burj Nahar Roundabout	M2
Clock Tower Roundabout	L4
Defence Roundabout	C6
Doha Road	C6
Fish Roundabout	L3
Jumeirah Road	C4
Khalid bin Al Waleed Road	J3
Omar bin Al Khattab Road	M2
Oud Metha Road	J4
Salahuddin Road	M3
Sheikh Zayed Road	E5
Sikkat Al Khail Street	K1
Trade Centre Road	F5
Umm Hurair Road	J4
Umm Hurair Roundabout	J3
Union Square	L3
Zaabeel Road	J4

Straßenverzeichnis Abu Dhabi (Auswahl)

Straße	Planquadrat
Al Falah Street	S3
Al Firdous Street	T2
Al Ittihad Square	R2
Al Karamah Street	R3
Al Khaleej Al Arabi Road	Q3
Al Manhal Street	R3
Al Mina Street	T1
Al Miyani Street	T2
Al Nasr Street	Q2
As Salam Street	T2
Baniyas Street	S2
Corniche (East)	S1
Corniche (West)	P2
East Road	S3
Hamdan bin Mohammed Street	R2
Hazza bin Zayed Street	R3
Khalid bin Al Waleed Street	R2
Khalidiyah Street	P2
Khalifa bin Shakhbut Street	Q3
Khalifa bin Zayed The First Street	S2
Khubeira Street	P2
King Abdullah bin A. Al Saud Street	S3
King Khalid bin Abdel Aziz Street	Q2
Liwa Street	R1
Lulu Street	S2
Sheikh Rashid bin Saeed Al Maktoum Street	R2
Stiglal Street	R1
Sudan Street	Q3
Sultan bin Zayed Street	P3
Taarig bin Ziyad Street	R2
Tourist Club Area (Al Miyani Street)	T2
Umm Al Nar Street	S2
Zayed The First Street	P2